Signos y Prodigios

Encuentro con
Jesús de Nazaret

Guía católica para
grupos pequeños

The Evangelical Catholic
Madison, Wisconsin
EE. UU.

the evangelical Catholic
forming disciples. training leaders.

Publicado por The Evangelical Catholic
6602 Normandy Ln., FL 2
Madison, WI 53719
www.evangelicalcatholic.org

ISBN: 9781688040533

Contenido

Introducción

¿Por qué leer sobre Jesús y sus discípulos?

¿Cuántas veces le has dicho a un amigo algo así?

"¡Tienes que conocer a mi amigo _____! ¡Te encantaría! ¡Es alguien tan interesante! Disfrutamos de muchas de las mismas cosas, y nunca nos quedamos sin cosas de qué hablar. Es un (esquiador, actor, jugador de baloncesto, cantante o _____) increíble. Oye, nos estamos juntando para pasar el próximo viernes. ¿Puedes venir también?".

Los amigos de un hombre llamado Jesús dijeron cosas muy similares sobre él hace casi dos mil años. Lo que dijeron acerca de Jesús fue tan importante que finalmente lo anotaron para que fuera recordado para siempre.

Estas historias sobre Jesús y sus amigos se encuentran en los cuatro Evangelios, que se encuentran en el Nuevo Testamento de la Biblia. En esta guía de seis semanas, puede leer acerca de algunos de los eventos más dramáticos en la vida de Jesús y discutirlos usando las preguntas proporcionadas o las que usted haga por su cuenta.

Jesús enseñó con una autoridad que lo distinguía. Sus palabras tenían poder y podía sanar simplemente tocando a la gente. Los signos y los prodigios atraían a la gente hacia Jesús, tantos los escépticos como los creyentes. Lo que Jesús dijo e hizo exigía que tomaran una decisión: ¿quién era exactamente este Jesús? La respuesta a esa pregunta llevó a algunos a alejarse, pero muchos otros eligieron seguirlo porque *él cambió sus vidas.*

Estos nuevos creyentes compartieron con otros las historias de Jesús, de cómo los sanó y los liberó. Las vidas de esas personas también se transformaron, y se lo dijeron a otros, y así continúa hasta nuestros días, hasta los confines de la tierra.

Es posible que usted aún no haya decidido acerca de Jesús. Pero sea lo que sea lo que piense, está claro que pocas figuras en la historia han generado consecuencias tan trascendentales durante tanto tiempo. Pocas culturas han sido enteramente moldeadas por un hombre en la forma en que Jesús influyó en el desarrollo del Cercano Oriente y Occidente.

Si eso le intriga, entonces querrá entender por qué causó tal impacto. Leer las historias que sus amigos dejaron ha ayudado a las personas a pensar en Jesús durante los últimos dos siglos. También le ayudarán a desarrollar una idea de quién era, qué hizo y qué podría significar para usted.

Incluso si es solo la curiosidad lo que le lleva a abrir este libro y leer esta introducción, arriésguese. Comprométase a asistir a un pequeño grupo para todas las seis sesiones o a meditar sobre las lecturas y preguntas para la discusión por usted mismo. De cualquier manera, llegará a conocer a Jesús.

No importa cómo termine sintiéndose por Jesús, después de seguir esta guía estará más formado culturalmente y más consciente de los grandes problemas en los que debieron involucrarse los seguidores de este hombre y otros durante siglos. Además, si está en un grupo pequeño, creará una amistad con los otros participantes.

Ya tiene algo en común con su pequeño grupo: todos son lo suficientemente curiosos acerca de Jesús para mirar un poco más profundamente. Probablemente encontrará muchas otras similitudes también. Hagan el compromiso de convertirse en una comunidad durante estas seis semanas. Vengan a cada reunión. Participen y sean respetuosos mutuamente. ¡Entonces miren cómo se desarrollan las riquezas!

Cómo usar esta guía para grupos pequeños

Bienvenido a *Signos y Prodigios*, una guía para grupos pequeños creada para ayudar a las personas a conocer más a fondo a Jesús de Nazaret.

Sesiones semanales

En los materiales de la sesión semanal, encontrará sugerencias para oraciones iniciales y conclusivas, los pasajes de las Escrituras que se discutirán esa semana, preguntas para la discusión, ideas para la acción y pautas de oración para ayudarlos a continuar encontrándose con Jesús durante la semana.

A diferencia de las guías de discusión bíblica de grupos pequeños que progresan consecutivamente a través de un libro de la Biblia, cada sesión en esta guía es independiente. Así, si usted o un amigo asiste a un grupo pequeño por primera vez en la semana 3, no habrá necesidad de "ponerse al día"; cualquiera puede simplemente sumergirse directamente con el resto del grupo. En lugar de construir secuencialmente, las sesiones se profundizan temáticamente, ayudándole a comprometerse más con Jesús poco a poco.

Cuanto más tome notas, anote ideas o preguntas, subraye los versículos de su Biblia (si trae uno a su grupo pequeño, lo que recomendamos) y se refiera a las sesiones anteriores, más tendrá Dios la oportunidad de hablar con usted a través de la conversación y las ideas que él coloca en su corazón. Al igual que con cualquier otra cosa, cuanto más uno da, más se obtiene.

La mejor manera de aprovechar la discusión de cada semana es llevar el tema a su vida siguiendo las sugerencias en la sección "Encuentro con Cristo esta Semana". El facilitador de su pequeño grupo hablará sobre las recomendaciones durante cada sesión. Tendrá la oportunidad de hacer preguntas y compartir experiencias de semanas anteriores.

Si usted no pertenece a un grupo pequeño, puede usar *Signos y Prodigios* por su cuenta considerando las preguntas que se hacen sobre cada pasaje de las Escrituras y haciendo seguimiento con las sugerencias en "Encuentro con Cristo esta semana".

Apéndices

Hay apéndices útiles tanto para los participantes como para los facilitadores que complementan los materiales semanales. Los apéndices A a C son para los participantes, y los apéndices D a F son para los facilitadores grupales.

Antes de su primera reunión grupal, lea el Apéndice A, "Guía de discusión en grupos pequeños". Estas pautas ayudarán a cada persona en el grupo establecer un tono respetuoso que cree el espacio para encontrarse con Cristo juntos.

Este pequeño grupo será diferente de otros grupos de discusión que pueda haber experimentado. ¿Es una conferencia? No. ¿Un club de lectura? No. El Apéndice A le ayudará a entender qué es este pequeño grupo y cómo puede ayudar a buscar una discusión "dirigida por el Espíritu". Cada miembro es responsable de la calidad de la dinámica del grupo.

Este apéndice le brindará trucos útiles para ser un miembro cooperador y participativo del grupo.

El Apéndice B es un recurso para mejorar y profundizar su relación con Jesús. En él encontrará una guía paso a paso para leer las Escrituras por su cuenta. Le mostrará cómo meditar y aplicar lo que encuentra en las Escrituras. El Apéndice B también ofrece ayuda para encontrar otras lecturas espirituales que pueden aumentar su aprecio por las enseñanzas y la persona de Jesús.

En el Apéndice C, encontrará una guía del Sacramento de la Reconciliación. Conocido comúnmente como "Confesión", el Sacramento de la Reconciliación cierra la distancia entre Dios y nosotros que puede ser causada por una variedad de razones, incluyendo el pecado no arrepentido. Si quiere acercarse más a Jesús y experimentar una gran paz, el Sacramento de la Reconciliación es la vía rápida para cerrar esa distancia. Este apéndice lo guía a través de los pasos de preparación y para ir a la confesión, para disminuir la ansiedad que pueda sentir.

Si bien los apéndices A a C son importantes para los participantes y los facilitadores por igual, los apéndices D a E respaldan a los facilitadores en su función.

Un facilitador no es un maestro. Su función es apoyar y animar la conversación, fomentar una discusión grupal fructífera y favorecer las dinámicas grupales.

En el Apéndice D, el facilitador del grupo encontrará orientación y mejores prácticas para facilitar con éxito un grupo pequeño. Elaboramos recomendaciones para enfrentar los problemas en las dinámicas grupales que pueden surgir. Encontrará pautas sobre lo que hace que un buen grupo funcione: construir amistades genuinas, llamar al Espíritu Santo a ser el verdadero facilitador del grupo y buscar la alegría juntos.

El Apéndice E lleva al facilitador de lo general a lo específico, proporcionando notas detalladas para cada sesión de *Signos y Prodigios*. Use este apéndice mientras se prepara para la reunión grupal de cada semana. Las notas le dan un "avance" sobre algunos de los contenidos o el contexto del pasaje de las Escrituras que se discutirán y que pueden ser confusos o lo suficientemente importantes como para que el facilitador atraiga la atención a los mismos. Las notas también brindan consejos sobre cómo generar dinámicas grupales semana a semana.

El Apéndice F ayuda al facilitador a dirigir la oración y fomentar la participación en la oración de los miembros del grupo. Si bien el material de cada sesión incluye una oración sugerida, el Apéndice G guía al facilitador sobre cómo orar en voz alta de manera improvisada y ayudar a otros en el grupo a hacerlo también.

Aprender esta técnica es importante. Dará un ejemplo a los miembros del grupo cómo hablar con Jesús con sus propias palabras. Cerrar con una oración improvisada es una forma extremadamente valiosa de honrar el tiempo que pasaron juntos ofreciendo los descubrimientos, las preguntas, las tristezas y las alegrías de su conversación. El Apéndice F ayudará a los líderes a guiar al grupo desde sus comienzos donde podían sentirse más "incómodos" hasta una experiencia más profunda de hablar con Dios.

El Apéndice F también brinda al facilitador más

información sobre cómo usar la sección "Encuentro con Cristo esta Semana" de los materiales de cada semana. Usted debe alentar y apoyar a los miembros del grupo en su compromiso personal con el tema de esa semana a través de su compromiso cada vez más profundo de permitir que Jesús se convierta cada vez más en parte de sus vidas.

¡Disfrute la aventura!

Semana 1: Las bodas de Caná

"Has guardado hasta ahora el vino mejor". (Juan 2:10)

Oración inicial

Orar juntos con sus propias palabras siempre es más natural que leer algo juntos. Algo simple y breve estaría bien. Podría pedir la bendición del Señor sobre su tiempo juntos o pedirle al Espíritu Santo que guíe su conversación; o simplemente puede agradecer a Dios por reunirlos para discutir sobre las Escrituras de la Cuaresma. Comience y termine la oración con la Señal de la Cruz, ¡y está listo para comenzar! Si siente que es demasiado difícil, una persona debe leer lentamente la oración en voz baja e invitar a los demás a orar silenciosamente en sus corazones. Eso funciona mejor que cuando el grupo lee juntos una oración desconocida.

Todos:

En el nombre del Padre y del Hijo y del Espíritu Santo. **Amén.**

Lector:

Padre celestial, María, la madre de Jesús,
habló con su Hijo con confianza
en su poder y su generosidad.

Que valientemente hagamos lo mismo con nuestras propias necesidades, especialmente con nuestra necesidad de notar tu presencia en nuestras vidas.

Te lo pedimos en el nombre de tu Hijo, Jesús.

Amén.

Conversación de apertura

Piense en la última boda a la que asistió. ¿Qué recuerdas más, los votos y el ritual o la fiesta después? ¿Por qué cree que esos recuerdos son los que se destacan?

Encuentro con Cristo en la Palabra

Pídale a una persona que lea el pasaje de las Escrituras en voz alta.

Juan 2:1-11

[1] Tres días después se celebraba una boda en Caná de Galilea; allí estaba la madre de Jesús. [2] También Jesús y sus discípulos estaban invitados a la boda. [3] Se acabó el vino, y la madre de Jesús le dice: "No tienen vino". [4] Jesús le responde: "¿Qué quieres de mí, mujer? Aún no ha llegado mi hora". [5] La madre dice a los que servían: "Hagan lo que él les diga". [6] Había allí seis tinajas de piedra destinadas a los ritos de purificación de los judíos, con una capacidad de setenta a cien litros cada una. [7] Jesús les dice: "Llenen de agua las tinajas". Las llenaron has-

ta el borde. [8] Les dice: "Ahora saquen un poco y llévenle al encargado del banquete para que lo pruebe". Se lo llevaron. [9] Cuando el encargado del banquete probó el agua convertida en vino, sin saber de dónde procedía, aunque los servidores que habían sacado el agua lo sabían, se dirige al novio y le dice: [10] "Todo el mundo sirve primero el mejor vino, y cuando los convidados están algo bebidos, saca el peor. Tú, en cambio has guardado hasta ahora el vino mejor". [11] En Caná de Galilea hizo Jesús esta primera señal, manifestó su gloria y creyeron en él los discípulos.

1. ¿Quiénes son los principales actores en esta narrativa? ¿Qué papeles juegan?

2. ¿Cómo interactúa María con Jesús? ¿Cómo cree que se sintió acerca de la respuesta de Jesús?

3. Con base en esta interacción, ¿cómo describiría su relación?

4. ¿Qué puede sentir Jesús cuando María hace su pedido?

5. ¿Qué hace María después de hablar con Jesús? ¿Por qué cree que ella hace esto?

6. ¿Cree que Jesús está siendo mezquino en esta historia? ¿Por qué sí o por qué no?

7. ¿Por qué Jesús hizo un milagro del que solo los

11

sirvientes fueron testigos? ¿Qué podrían haber pensado los sirvientes en cada etapa (las instrucciones de María, cuando ellos siguieron sus instrucciones, viendo el milagro)?

8. ¿Hay algo en esta historia que le haga pensar de manera diferente acerca de su propia relación con Jesús? Si usted reza, ¿hay algo que le desafíe a hacerlo de manera diferente?

9. Este fue el primero de los milagros de Jesús. Ayudó a los discípulos a creer que él era algo más que solo otro maestro o rabino. En su vida, ¿puedes pensar en algo que experimentó como un signo que le ayudó a creer en Jesús?

Encuentro con Cristo esta Semana

El primer milagro público de Jesús fue en una fiesta, un banquete de bodas. ¡En la mayoría de las bodas, la alegría fluye! Probablemente era el caso entre María, Jesús y los discípulos también.

¿Alguna vez ha estado en una fiesta donde se agotaron los refrigerios? ¿Qué pasó? Tal vez fue una vergüenza para el anfitrión, pero probablemente también frenó la diversión y provocó que la gente se fuera temprano. María no quería que eso le sucediera a su familia o amigos. Ella le pidió a su hijo que resolviera el problema, a pesar de que nunca antes había hecho algo milagroso en público.

¡La vida del discipulado ciertamente exige mucho a los que desea seguirlo, pero también promete verdadero consuelo y alegría! El milagro en Caná deja en claro que Jesús quiere que la alegría sea parte de la vida de sus seguidores.

Los cristianos creen que la alegría proviene de experimentar el amor y la presencia de Jesús que dijo: "Yo estaré con ustedes siempre, hasta el fin del mundo" (Mateo 28:20). Los discípulos de Jesús saben que esto es verdad porque lo experimentamos con nosotros todos los días. Una de las características distintivas de comenzar el viaje espiritual cristiano es una experiencia de gozo que viene después de reconocer que Dios está activo y presente en nuestras vidas.

Incluso si nunca ha orado antes, tómese un momento esta semana para tratar de hablarle a Dios sobre la alegría. ¿Cuál es la diferencia entre felicidad y alegría? ¿Tiene alegría o felicidad en su vida? ¿Alguna vez ha tenido una experiencia de la presencia de Cristo? ¿Quiere tener una? Mire hacia atrás un poco sobre el pasado. ¿Ha visto algún pequeño cambio en usted mismo espiritualmente que lleve el soplo de la alegría del milagro en Caná? ¿Ve que está emergiendo una forma más saludable y alegre de usted mismo? Si es así, celebre eso de alguna manera pequeña. Si no, esta semana trate de preguntarle a Jesús, la fuente de alegría, qué hay entre usted y la alegría, y qué puede hacer al respecto. Hable honestamente y con sus propias palabras.

Encuentre un lugar tranquilo donde no lo interrumpan y hable con él como lo haría con cualquier otra persona. Las oraciones formales que no exponen su corazón pueden parecerse al tipo de conversación superficial que pueda tener con un extraño. Jesús lo quiere "en bruto" y "sin adornos". Él quiere que hable con él sobre todas sus dudas, preocupaciones y sueños. Él también quiere que esté abierto para recibir lo que él quiera darle.

Si usted es creyente, trate de no dar por sentado los regalos que Dios ofrece: vida, salud, hogar, familia, lo que sea que sea verdad para usted. Esta semana, reconozca, atesore y saboree las bendiciones en su vida que a menudo pasan desapercibidas.

Para los católicos, una de esas bendiciones es el "vino nuevo" en la Misa en la Eucaristía. Esta semana considere ir a Misa durante la semana. Esté atento a las expresiones de la generosidad de Dios en las oraciones y rituales al pensar acerca de lo que es la Eucaristía: el don gratuito del mismo Jesús, que está verdaderamente presente.

Oración conclusiva

Haga que una persona ore en voz alta mientras los demás oran silenciosamente.

Todos:

En el nombre del Padre y del Hijo y del Espíritu Santo. **Amén.**

Lector:

Cristo Jesús, estamos asombrados de que podamos venir ante ti para pedir tu ayuda mientras crecemos en nuestra fe.

La fe es tu regalo.

Se necesita confianza para pedirte un aumento en la fe. Danos ese tipo de confianza, Jesús. ¡Gracias, Señor, por ser un dador generoso!

Estamos emocionados de que podamos tener una relación íntima contigo.

Estamos agradecidos de que podamos comenzar una estrecha caminata juntos.

Ayúdanos a tener el mismo tipo de confianza en ti que tu madre María tuvo al pedirte un milagro. Te pedimos el milagro de tener más fe en nuestras vidas.

Pedimos fe que nos ayude a creer que puedes responder a nuestras preguntas y resolver nuestros problemas, si te damos la oportunidad.

Te lo pedimos en el nombre de Jesús nuestro Señor.

Amén.

Semana 2: Jesús camina sobre las aguas

Jesús dijo: "¡Ánimo! Soy yo, no teman". (Mateo 14:27)

Oración inicial

Haga que una persona lea la oración en voz alta mientras los demás oran silenciosamente.

Todos:

En el nombre del Padre y del Hijo y del Espíritu Santo. **Amén.**

Lector:

Jesús, tú eres Dios, y sin embargo te hiciste hombre, como nosotros.

No escapaste al miedo y el dolor que todos sentimos a veces.

Nos has mostrado que nuestro miedo y dolor tienen sentido porque tú también los experimentaste.

Ahora camina junto a nosotros en nuestros momentos oscuros.

Enséñanos cómo el miedo y el dolor que sufrimos pueden tener un significado en ti.

Ayúdanos a saber que todo en nuestras vidas puede acercarnos a ti.

Te lo pedimos en tu santo nombre.

Amén.

Conversación de apertura

¿Cree que Dios está interesado en usted? ¿En los detalles de su vida? ¿En el mundo? ¿Alguna vez ha dudado de que Dios sea real? ¿Cree que los discípulos alguna vez tuvieron que lidiar con la duda de este tipo?

Encuentro con Cristo en la Palabra

Pídale a una persona que lea el pasaje de las Escrituras en voz alta.

Mateo 14:22-33

22 Enseguida mandó a los discípulos embarcarse y pasar antes que él a la otra orilla, mientras él despedía a la multitud. 23 Después de despedirla, subió él solo a la montaña a orar. Al anochecer, todavía estaba allí, solo. 24 La barca se encontraba a buena distancia de la costa, sacudida por las olas, porque tenía viento contrario. 25 Ya muy entrada la noche Jesús se acercó a ellos caminando sobre el lago. 26 Al verlo caminar sobre el lago, los discípulos comenzaron a temblar y

dijeron: "¡Es un fantasma!". Y gritaban de miedo. [27] Pero [Jesús] les dijo: "¡Ánimo! Soy yo, no teman". [28] Y Pedro le contestó: "Señor, si eres tú, mándame ir por el agua hasta ti". [29] "Ven", le dijo Jesús. Pedro saltó de la barca y comenzó a caminar por el agua acercándose a Jesús; [30] pero, al sentir el [fuerte] viento, tuvo miedo, entonces empezó a hundirse y gritó: "¡Señor, sálvame!". [31] Al momento Jesús extendió la mano, lo sostuvo y le dijo: "¡Hombre de poca fe! ¿Por qué dudaste?". [32] Cuando subieron a la barca, el viento amainó. [33] Los de la barca se postraron ante él diciendo: "Ciertamente eres Hijo de Dios".

1. ¿Por qué Jesús no está en la barca con sus discípulos?

2. ¿Qué hace Jesús después de que los discípulos se van? ¿Por qué cree que Jesús hace esto antes de reunirse con los discípulos?

3. Describa la experiencia de los discípulos en la barca a través del versículo 27.

4. ¿Qué revela el pedido de Pedro acerca de su personalidad? ¿Qué indica sobre su relación con Jesús?

5. ¿Qué cree que motiva el deseo de Pedro de caminar sobre el agua?

6. ¿Qué pudo haber pasado por las mentes de los otros discípulos cuando Pedro hizo este pedido a Jesús?

7. ¿Por qué Pedro se hunde?

8. ¿Qué podría simbolizar la barca? ¿Las olas rompiéndose? ¿Qué otro simbolismo ve en este pasaje?

9. ¿Cómo responde Jesús al temor de los discípulos? ¿Cómo responde él al miedo de Pedro?

10. ¿Alguna vez el Señor te ha salvado de hundirte? ¿Cómo ocurrió esto?

11. ¿Dónde te está llamando Jesús a hacer un paso en la fe? ¿Qué lo está deteniendo?

12. ¿Qué significa confiar en Jesús? ¿De qué manera confiar en Jesús puede ayudarle dar un paso en lugar de concentrarse en los fuertes vientos que azotan su vida?

Encuentro con Cristo esta Semana

Los caminos de Dios son misteriosos. Jesús vino al mundo y clarificó muchas cosas acerca de Dios que no podríamos haber sabido de otra manera, pero no todo es claro como el agua. Dios valora tanto nuestro libre albedrío que no nos forzará a creer en él. Él nos permite dudar de él o incluso rechazarlo para no ahogar nuestro libre albedrío.

Incluso si oramos regularmente, a veces nos podemos preguntar si hay alguien escuchando. Nuestra comprensión de Dios y sus caminos es limitada y a menudo distorsionada porque somos finitos y, como los cristianos creemos, caídos. Puede ser difícil sentir a Dios o su guía en medio de nuestras circunstancias diarias.

La presencia silenciosa de Dios en nuestra oración siempre será misteriosa. Y, sin embargo, Jesús nos dijo que siempre está presente y escucha cada una de nuestras oraciones. Las personas que oran consistentemente a menudo encuentran que tienen más paz durante sus jornadas, incluso si se aburren y distraen la mayor parte de su tiempo de oración.

La tradición católica enseña que cuando tomamos la decisión de dar un paso en la fe, ese acto de confianza y esperanza en el Señor trae una tremenda bendición. La oración es exactamente eso: confiar, o incluso esperar, que Dios está allí, sin importar cuán oscura pueda parecer su presencia.

Jesús nos invita a poner toda nuestra fe en él, incluso cuando no comprendemos cómo las cosas podrían funcionar mejor. Una vida de fe no borra el dolor, la duda o la incertidumbre, pero cambia la forma en que respondemos a ellos.

Esta semana, traiga ante el Señor una situación que le preocupe. Imagine que el Señor está con usted en esa situación. ¿Qué le está diciendo? ¿Qué está haciendo? Imagine su poder tranquilizador cubriendo este problema y cubriéndolo a usted. Imagine que el Señor se dirige a usted y le pide que confíe en él. Hable con él como lo harías con tu confidente más cercano, pero con aún más honestidad porque no necesitas guardarse *nada*. La práctica de escribir sus reflexiones y su respuesta al Señor puede ser tremendamente útil. Le da a Dios más formas de hablarle mientras usted lleva al mismo tiempo un registro de su vida interior.

Oración conclusiva

Haga que una persona ore en voz alta mientras los demás oran silenciosamente.

Todos:

En el nombre del Padre y del Hijo y del Espíritu Santo. **Amén.**

Lector:

Incluso cuando el vacío de la duda perturba su alma, el Santo está alimentando dentro de usted una semilla de fe.

La fe es la garantía de lo que se espera, la prueba de lo que no se ve. (Hebreos 11:1)

Dios misericordioso, hay ocasiones en que mi capacidad de confiar parece ausente.

Mi corazón anhela la verdad e incluso encuentro dentro de mí en el centro un deseo de creer, pero mi mente parece incapaz de captar la verdad y el creer que busco.

Deja que tu presencia segura y verdadera me laven, arrojando rayos de luz donde solo la oscuridad reside,

y, en esos rayos de luz, que pueda ver el contorno de tu rostro.

Te lo pido por tu amor.[1]

Amén.

---

1   Renée Miller, Traducción al español del sitio web
    "Explore Faith "Prayer/guided prayer" (Oración /
    Oración guiada), ubicado en http://www.explorefaith.
    org/prayer/prayer/guided_prayer/prayer_for_
    when_youre_in_doubt.php

Semana 3: Jesús resucita a una niña

Le volvió el aliento y enseguida se puso de pie. (Lucas 8:55)

Oración inicial

Haga que una persona lea la oración en voz alta mientras los demás oran silenciosamente.

Todos:

En el nombre del Padre y del Hijo y del Espíritu Santo. **Amén.**

Lector:

Querido Señor de Misericordia y Padre del Consuelo,

Señor, mírame con ojos de misericordia.

Que tu mano sanadora descanse sobre mí,

Que tus poderes vivificantes

fluyan en cada célula de mi cuerpo

y en las profundidades de mi alma:

limpiando,

purificando,

restaurándome a la integridad y la fuerza

para el servicio en tu Reino.[2]

Amén.

Conversación de apertura

¿Cree que Dios es poderoso, a pesar de que Dios no siempre soluciona los problemas en su vida o en el mundo? ¿Por qué sí o por qué no?

¿Qué le haría creer en el poder absoluto de Dios sobre todo?

Encuentro con Cristo en la Palabra

Pídale a una persona que lea el pasaje de las Escrituras en voz alta.

Lucas 8:40-56

[40] Cuando volvió Jesús, lo recibió la gente, porque todos lo estaban esperando. [41] En esto se acercó un hombre, llamado Jairo, jefe de la sinagoga; cayendo a los pies de Jesús, le rogaba que entrase en su casa, [42] porque su hija única, de

---

2   Traducción al español del sitio Web "Our Catholic Faith", "Healing Prayers" (Oraciones sanadoras), ubicado en http://www.ourcatholicfaith.org/prayer/p-healing.html.

doce años, estaba muriéndose.

Mientras caminaba, la multitud lo apretujaba. 43 Una mujer que llevaba doce años padeciendo hemorragias, [que había gastado en médicos su entera fortuna] y que nadie le había podido sanar, 44 se le acercó por detrás y le tocó el borde de su manto. Al instante se le cortó la hemorragia. 45 Jesús preguntó: "¿Quién me ha tocado?". Y, como todos lo negaban, Pedro dijo: "Maestro, la multitud te cerca y te apretuja". 46 Pero Jesús replicó: "Alguien me ha tocado, yo he sentido que una fuerza salía de mí". 47 Viéndose descubierta, la mujer se acercó temblando, se postró ante él y explicó delante de todos por qué lo había tocado y cómo se había mejorado inmediatamente. 48 Jesús le dijo: "Hija, tu fe te ha salvado. Vete en paz".

49 Aún estaba hablando, cuando llega uno de la casa del jefe de la sinagoga y le anuncia: "Tu hija ha muerto, no molestes más al Maestro". 50 Lo oyó Jesús y respondió: "No temas; basta que creas y se salvará". 51 Cuando llegó a la casa no permitió entrar con él más que a Pedro, Juan, Santiago y los padres de la muchacha. 52 Todos lloraban haciendo duelo por ella. Pero él dijo: "No lloren, que no está muerta, sino dormida". 53 Se reían de él, porque sabían que estaba muerta. 54 Pero él, tomándola de la mano, le ordenó: "Muchacha, levántate". 55 Le volvió el aliento y enseguida se puso de pie. Jesús mandó que le dieran de comer. 56 Sus padres quedaron sobrecogidos de admiración y él les encargó que no

contaran a nadie lo sucedido.

1. ¿Podría alguien por favor resumir los acontecimientos de este pasaje? ¿Qué pasa, paso a paso?

2. ¿Cuál cree que fue el estado de ánimo de la mujer que padecía de hemorragias antes de su curación? ¿Qué pistas da el pasaje de las Escrituras acerca de esto?

3. ¿Qué razón podría tener Jesús para insistir en saber quién lo había tocado (versículo 45)?

4. ¿Cómo reaccionaría usted después de haber sido sanado? ¿Cómo explicaría el deseo de la mujer de permanecer oculta?

5. ¿Qué pudo haber pasado por la mente de la mujer cuando Jesús gritó: "¿Quién me ha tocado?". ¿Qué cree que estaba sintiendo cuando finalmente se presentó?

6. ¿Qué podría haber sentido Jairo cuando Jesús se detuvo para encargarse de esta mujer?

7. Jesús se dirige a la mujer en el versículo 48 y a Jairo en el versículo 50. ¿Qué tienen estas declaraciones en común?

8. ¿Cómo cree que se sintió Jairo cuando Jesús dijo: "No temas; basta que creas"? ¿Cómo se sentiría usted en las circunstancias de Jairo?

9. ¿Alguna vez ha experimentado un momento en que todo parecía perdido? ¿Le ayudó algo a fortalecer su esperanza?

10. ¿Está tentado de tener miedo por algo en su vida en este momento? ¿Cómo se sentiría si Jesús te dijera: "No temas; basta que creas"?

11. Tómese un momento de silencio para imaginarse a sí mismo como cada una de las diferentes personas en esta historia: Jairo, un miembro de su casa, los dolientes, la mujer con hemorragia, las multitudes alrededor de Jesús y los discípulos. ¿Con quién se siente más cercano? ¿Por qué?

Encuentro con Cristo esta Semana

La mujer que tocó el borde del vestido del Señor estaba lo suficientemente desesperada como para buscar a Cristo, obligada a tocarlo cuando estaba claro que ella no tendría forma de hablar con él. ¡Su acción fue incluso contra la ley mosaica porque era ritualmente impura por su hemorragia! Al igual que Jairo, ella tuvo la fe que produjo el poder de Cristo, un poder que parecía venir tan profundamente desde dentro de Jesús que su mente ni siquiera era completamente consciente de cómo sucedió. El poder de Dios y su deseo de sanarnos reside en lo más profundo de su ser. Él quiere sanarnos siempre.

¿Hay algo en su vida que necesite curación? Imagine a Jesús rodeado por la multitud apremiante. Imagine que usted extiende la mano para tocarlo, y que él se da la vuelta y le da tiempo para conversar.

Imagine que con el Señor deja a la multitud y encuentra un lugar tranquilo para que pueda hablar con él.

Él le pide que usted comience. Dígale todo lo que pueda sobre la curación y la misericordia que necesita. Deje que su compasión se extienda a usted mientras su corazón se mueve con amor por usted.

Reconozca este regalo y deje que el Señor sepa de su gratitud. ¡Deje que esta gratitud fluya en adoración del gran Sanador, el divino Maestro Jesús, el médico de los enfermos y el amigo del pecador!

Para experimentar la presencia de Cristo con más poder, trate de ir a una Misa durante los días de la semana. Escuche a Jesús que le está hablando a través de las lecturas. Si una oración, palabra o imagen se destacan, tome nota de ello. Dios ha atraído su atención a ello por una razón. Medite lo que haya notado y hable con Dios al respecto. Si es católico, ábrase a un mayor amor de Jesús al recibirlo en la Eucaristía. Si no es católico, hable con Jesús acerca de cómo él se quiere entregar a usted, y piense en cómo usted se quieres entregar a él.

Oración conclusiva

Haga que una persona ore en voz alta mientras los demás oran silenciosamente.

Todos:

En el nombre del Padre y del Hijo y del Espíritu Santo. **Amén.**

Lector:

Señor, eres grande.
Eres glorioso.
Eres santo.
Eres cariñoso, deseando el bien para todos tus
hijos.
Tu grandeza es más grande que cualquier cosa
que podamos entender.
Tú eres el Señor de los cielos y la tierra,
Señor de la naturaleza y de la humanidad,
Señor de toda la creación.
Toda la tierra es tu obra.
Y, sin embargo, te acercas a nosotros, queriendo
sanarnos, tocarnos y devolvernos la integridad.
Caemos a tus pies, dándote gracias por todo lo
que has hecho por nosotros.
Ayúdanos a venerarte de una manera adecuada a
lo que eres,
tu poder, tu gloria,
su majestad suprema, y tu amor constante.

Te lo pedimos en tu santo nombre.

Amén.

Semana 4: Recogiendo trigo en el día de descanso

"Misericordia quiero y no sacrificios". (Mateo 12,7)

Oración inicial

Haga que una persona lea la oración en voz alta mientras los demás oran silenciosamente.

Todos:

En el nombre del Padre y del Hijo y del Espíritu Santo. **Amén.**

Lector:

Padre, sabes lo que es justo y cómo quieres que actuemos.

Tú sabes cuál es la mejor forma de comunicarte con nosotros y guiarnos por un camino de fe, amor y servicio.

Por favor elimina los obstáculos que nos impiden reconocer lo que es bueno y que da vida.

Jesús, ayúdanos a ver nuestro lugar en el mundo y actuar junto a ti.

Por favor, danos la confirmación que necesitamos para que sepamos que estamos en el camino correcto.

Gracias por las cosas buenas que nos has prometido y que tanto hemos hecho para lograr.

Espíritu Santo, abre nuestros corazones a tu palabra y ayúdanos a vivir de las riquezas que colocas dentro de nosotros.

Abre nuestras mentes para reflexionar sobre nosotros mismos y prepáranos para una comprensión más profunda de ti.

Constrúyenos como una comunidad que busca conocerte y caminar en tus caminos.

Te lo pedimos por Cristo nuestro Señor.

Amén.

Conversación de apertura

¿Alguna vez ha hecho una caminata larga sin suficiente comida, o alguna vez ha sido incapaz de obtener comida por alguna razón cuando tenía mucha hambre? Si se presentase la oportunidad, ¿cree que habría violado las reglas para alimentarse? Por ejemplo, ¿podría imaginarse recoger fruta del huerto de alguien sin permiso (esencialmente robar)? ¿Por qué sí o por qué no?

Encuentro con Cristo en la Palabra

Pídale a una persona que lea el pasaje de las Escrituras en voz alta.

Mateo 12, 1-14

[1] En cierta ocasión, Jesús atravesaba unos campos de trigo en día sábado. Sus discípulos, hambrientos, se pusieron a arrancar espigas y comérselas. [2] Los fariseos le dijeron: "Mira, tus discípulos están haciendo en sábado una cosa prohibida". [3] Él les respondió: "¿No han leído lo que hizo David y sus compañeros cuando estaban hambrientos? [4] Entraron en la casa de Dios y comieron los panes consagrados que no les estaba permitido comer ni a él ni a sus compañeros, sino solamente a los sacerdotes. [5] ¿No han leído en la ley que, en el templo y en sábado, los sacerdotes quebrantan el reposo sin incurrir en culpa? [6] Ahora bien, yo les digo que aquí hay alguien mayor que el templo. [7] Si comprendieran lo que significa: misericordia quiero y no sacrificios, no condenarían a los inocentes. [8] Porque el Hijo del Hombre es Señor del sábado". [9] Se dirigió a otro lugar y entró en su sinagoga. [10] Había allí un hombre que tenía una mano paralizada. Le preguntaron, con intención de acusarlo, si era lícito sanar en sábado. [11] Él respondió: "Supongamos que uno de ustedes tiene una oveja y un sábado se le cae en un pozo: ¿no la agarraría y la sacaría? [12] Ahora bien, ¡cuánto más vale un hombre que una oveja! Por tanto, está permitido en sábado hacer el bien". [13] Entonces dijo al hombre: "Extiende la mano". Él la extendió y

se le quedó tan sana como la otra. ¹⁴ Los fariseos salieron y deliberaron cómo acabar con él.

1. ¿Qué sabe sobre el sábado? ¿Conoce algunas de las actividades y prácticas que a los judíos se les prohibía hacer en el día de descanso?

2. ¿Cómo describiría la actitud de los fariseos hacia Jesús?

3. ¿Por qué cree que Jesús se refiere a las historias del Antiguo Testamento?

4. ¿Qué está tratando de enseñar Jesús a los fariseos?

5. ¿Qué afirmaciones hace Jesús sobre sí mismo en este pasaje? ¿Cómo reaccionaría si alguien hiciera estas afirmaciones hoy?

6. Explique con sus propias palabras el significado de la comparación de Jesús del valor de un hombre con el valor de una oveja.

7. Jesús cita una enseñanza de la Escritura Hebrea: "Porque quiero amor, no sacrificios" (cf. Oseas 6:6). ¿Qué cree usted que Jesús quiere que entiendan los fariseos? ¿Cuál es la crítica que ellos le hacen?

8. ¿De qué manera está usted tentado de pensar y actuar como los fariseos? (Por ejemplo, puede menospreciar a las personas que van más rápido que el límite de velocidad). ¿En qué

áreas de su vida está usted llamado a ser más misericordioso con los demás?

9. ¿Qué enseñanzas cristianas a veces hacen que las personas comiencen a actuar como fariseos? ¿Cómo encontramos un equilibrio entre las siguientes enseñanzas cristianas y la posibilidad espiritualmente peligrosa de comportarse como un fariseo?

Encuentro con Cristo esta Semana

Cuando los fariseos intentan hacer tropezar a Jesús y arrinconarlo en tecnicismos, Jesús se mantiene fiel a su profundo conocimiento de los caminos de su Padre. ¿Cómo podemos desarrollar tal confianza en nosotros mismos y una confianza espiritual en el carácter de Dios?

Una de las mejores maneras es pedirle a Jesús que comparta parte de su confianza con nosotros durante nuestros momentos de oración. Imagínese Jesús regresando al campo de trigo una vez que los fariseos abandonaron la sinagoga. ¿Qué aspecto tiene el campo? ¿Qué tan grande es? Huela el aire. ¿Qué tiempo hace? ¿Qué lleva puesto Jesús? ¿Qué lleva puesto usted?

Esta semana, encuentre un lugar tranquilo, tal vez al aire libre si el clima lo permite, y pídale al Señor: "¿Cómo mantienes tu compostura bajo presión? ¿De dónde viene tu confianza en Dios tu Padre?".

Pregúntele al Señor todo lo que quieras saber sobre su o tu propia relación con el Padre. Cuéntele cuál ha sido tu experiencia con Dios o lo que has oído sobre Dios. Pregúntele cualquier cosa que desee sobre su vida o su conocimiento de los caminos de Dios.

Imagine lo que Jesús diría o haría en respuesta. San Ignacio de Loyola, fundador de la Compañía de Jesús, enseñó que nuestra imaginación es una de las formas en que Dios se comunica con nosotros. Raramente escuchamos una voz audible, pero Dios usa todas nuestras facultades (imaginación, memoria, pensamiento y razón) como medios naturales para hablar con nosotros. ¡Las ideas que nos asustan podrían ser del Señor!

Si desea una relación más profunda y más confiada con Dios el Padre, pídale a Jesús con sus propias palabras que lo ayude. Pídale que ore dentro de usted y con usted. Luego pídale que le envíe su Espíritu Santo para despertar dentro de usted un anhelo por la vida de libertad y confianza en el Padre que él ofrece.

Oración conclusiva

Haga que una persona ore en voz alta mientras los demás oran silenciosamente.

Todos:

En el nombre del Padre y del Hijo y del Espíritu Santo. **Amén.**

Lector:

Jesús, les dijiste a los fariseos que "aquí hay alguien mayor que el templo" (Mateo 12:6).

Queremos ese "alguien mayor", Señor. Te queremos a ti.

Por favor, muéstranos cómo serán nuestras vidas si las confiamos a tu Padre.

Que podamos experimentar la dulzura de tu amor y la grandeza de tu majestad para que podamos amar a nuestro prójimo y a nosotros mismos.

Gracias por esperar tan pacientemente para que aceptemos tu amor.

Ayúdanos a prepararnos para dar el siguiente paso en nuestra relación con usted, Señor.

Por favor bendícenos y guíanos en el camino.

Te lo pedimos en tu santo nombre.

Amén.

Semana 5: El joven rico

"Sígueme". (Marcos 10:21)

Oración inicial

Haga que una persona lea la oración en voz alta mientras los demás oran silenciosamente.

Todos:

En el nombre del Padre y del Hijo y del Espíritu Santo. **Amén.**

Lector:

Padre celestial, tú estás muy por encima de nosotros.

A veces nos preguntamos si alguna vez podremos vivir bien en sus caminos, si alguna vez tendremos el coraje de seguirte hasta el final.

Escúchanos en nuestra necesidad, Señor. Porque sin ti y sin el movimiento de tu Espíritu Santo, ninguno de nosotros podría seguirte; ninguno de nosotros podría reconocerte.

Asegúranos que podemos acercarnos a ti, Señor, y danos confianza de que podemos crecer en la vida que nos brindas.

Sé nuestro consuelo en el presente y nuestra

perfección en el futuro.

Te lo pedimos en el nombre de tu único Hijo, Jesucristo nuestro Señor.

Amén.

Conversación de apertura

¿Crees que valorar las posesiones o querer cosas se interpone en el camino de seguir a Jesús? ¿Por qué sí o por qué no?

Encuentro con Cristo en la Palabra

Pídale a una persona que lea el pasaje de las Escrituras en voz alta.

Marcos 10:17-31

[17] Cuando se puso en camino, llegó uno corriendo, se arrodilló ante él y le preguntó: "Maestro bueno, ¿qué debo hacer para heredar vida eterna?". [18] Jesús le respondió: "¿Por qué me llamas bueno? Nadie es bueno fuera de Dios. [19] Conoces los mandamientos: no matarás, no cometerás adulterio, no robarás, no jurarás en falso, no defraudarás; honra a tu padre y a tu madre. [20] Él le contestó: "Maestro, todo eso lo he cumplido desde la adolescencia". [21] Jesús lo miró con cariño y le dijo: "Una cosa te falta: ve, vende cuanto tienes y dáselo a los pobres y tendrás un tesoro en el cielo; después sígueme". [22] Ante estas palabras, se llenó de pena y se marchó triste; porque era muy rico. [23] Jesús mirando alrededor

dijo a sus discípulos: "Difícilmente entrarán en el reino de Dios los que tienen riquezas". ²⁴ Los discípulos se asombraron de lo que decía. Pero Jesús insistió: "¡Qué difícil es entrar en el reino de Dios! ²⁵ Es más fácil para un camello pasar por el ojo de una aguja que para un rico entrar en el reino de Dios". ²⁶ Ellos llenos de asombro y temor se decían: "Entonces, ¿quién puede salvarse?". ²⁷ Jesús los quedó mirando y les dijo: "Para los hombres es imposible, pero no para Dios; porque para Dios todo es posible". ²⁸ Pedro entonces le dijo: "Mira, nosotros hemos dejado todo y te hemos seguido". ²⁹ Jesús le contestó: "Todo el que deje casa o hermanos o hermanas o madre o padre o hijos o campos por mí y por la Buena Noticia ³⁰ ha de recibir en esta vida cien veces más en casas y hermanos y hermanas y madres e hijos y campos, en medio de las persecuciones, y en el mundo futuro la vida eterna. ³¹ Porque muchos primeros serán los últimos y muchos últimos serán los primeros".

1. ¿Qué está buscando el joven aprender de Jesús? ¿Cómo describiría su actitud?

2. ¿Cuál de los Diez Mandamientos cita Jesús al joven? ¿Por qué cree que elige estos?

3. ¿Qué tipo de vida dice el joven haber vivido hasta este momento? ¿Cree que el joven es sincero?

4. ¿Por qué cree que Jesús le pide al joven rico que venda sus posesiones? ¿Por qué Marcos

incluiría el detalle de que "Jesús lo miró con cariño" antes de que Jesús hiciera este pedido? (versículo 21).

5. ¿Cómo reacciona el joven ante la invitación de Jesús a seguirlo? ¿Cómo explicaría su reacción?

6. ¿Cómo cree que se sintió Jesús cuando el joven se alejó?

7. Cuando Pedro pregunta, "Entonces, ¿quién puede salvarse?" (versículo 26), ¿qué dice Jesús que es necesario?

8. ¿Qué tienen en común el joven y los discípulos? ¿En qué se diferencian?

9. ¿Qué declaración repite Jesús en este pasaje? ¿Por qué crees que él se repite?

10. ¿Cómo cree que Jesús quiere que veamos las posesiones? ¿Qué podría impedirnos ver a su manera lo que poseemos o lo que queremos poseer?

11. ¿Qué podría estar llamándole Jesús a que entregue para seguirlo más de cerca? ¿Qué lo motivaría a hacerlo? ¿Qué le impide tomar la decisión de entregarle eso al Señor?

Encuentro con Cristo esta Semana

La respuesta de Jesús al joven indica que convertirse en su discípulo puede ser costoso. No siempre sentimos paz y prosperidad desde el momento en que decidimos tomar a Jesús en serio. Para crecer en la vida que él nos ofrece, necesitamos contar el costo de profundizar.

Aunque el viaje nos exige mucho, no tenemos que cargar solo con la carga. Podemos compartir nuestras luchas con Cristo en la oración, y podemos buscar la oración y el apoyo de nuestros hermanos y hermanas en Cristo.

Jesús no siempre nos quitará la carga, así como su Padre no le quitó la carga de la crucifixión en el Jardín de Getsemaní. Pero él siempre nos acompañará en el camino, haciendo que nuestras cargas sean más fáciles de soportar (Mateo 11:28-29). Él nos fortalecerá (Isaías 41:10). Él nos dará la paz más allá de toda comprensión (Filipenses 4:6-7) que hace posible nuestro sacrificio.

Siéntese e imagine al joven rico. Imagine que está justo detrás de él cuando Cristo lo mira y habla. Cuando el joven rico se va, Jesús quiere hablar con usted a continuación. Comparta sus pensamientos y temores sobre lo que le costaría la vida con él. Deje que estos pensamientos y miedos fluyan libremente. Imagine a Jesús respondiéndole durante este momento de oración imaginativa. Haga esto durante toda la semana, escuchando el movimiento del Espíritu Santo dentro de su propio espíritu.

Si se siente inclinado y es católico, el Sacramento de la Reconciliación ofrece una oportunidad sin precedentes para considerar cómo puede usted estar resistiéndose a Jesús. Muchos se sienten incómodos de participar de este sacramento. Sin embargo, ofrece un momento hermoso y consolador para compartir honestamente nuestras luchas y escuchar el amor y el perdón de Jesús a través de las palabras y oraciones del sacerdote. ¿El Espíritu Santo lo está impulsando a encontrarse con Jesús en el Sacramento de la Reconciliación? No lo dude, vaya y experimente la misericordia de Dios.

El Apéndice C incluye una guía del Sacramento de la Reconciliación que lo familiarizará con el sacramento antes de ir. Pero si la idea de ir a la confesión le viene a la cabeza cuando está cerca de una iglesia, ¡vaya, esté preparado o no! ¡Esa es una inspiración del Espíritu Santo! Todo sacerdote lo guiará a través de la reconciliación en caso de que lo desee.

Si usted, como tantos otros, se siente incómodo con este sacramento, que realmente no lo desea, decida hablar con alguien esta semana y confesarse regularmente. Pídale a esta persona que comparta con usted el papel que desempeña esta práctica espiritual en su vida. Escuchar acerca de su experiencia puede darle el valor y la motivación para ir usted mismo.

Oración conclusiva

Haga que una persona ore en voz alta mientras los demás oran silenciosamente.

Todos:

En el nombre del Padre y del Hijo y del Espíritu Santo. **Amén.**

Lector:

Padre celestial,

Necesitamos tu gracia para darnos cuenta de que somos capaces de cambiar en la forma en que pides.

Inspíranos, Señor, ya que nada es imposible contigo.

Te pedimos que nos hagas pobres en espíritu.

Ser pobre en espíritu es reconocer nuestra absoluta y completa dependencia de ti y decir: "Señor, no soy nada sin ti; te necesito desesperadamente".

Ayúdanos a comprender que ser independientes es una virtud solo a los ojos del mundo. Muéstranos que, en tu reino, mientras más seamos conscientes de nuestra necesidad de ti, oh Dios, y de nuestra necesidad los unos de los otros, más experimentaremos "la vida al máximo", el regalo que viniste a traer.

Bendícenos, Señor, haznos pobres en espíritu. Recuérdanos, Señor, que nada es imposible para ti.

Bendícenos, oh Señor, nuestro Dios.

Amén.

Semana 6: Tomás el incrédulo

Los discípulos se alegraron al ver al Señor. (Juan 20:20)

Oración inicial

Haga que una persona lea la oración en voz alta mientras los demás oran silenciosamente.

Todos:

En el nombre del Padre y del Hijo y del Espíritu Santo. **Amén.**

Lector:

Señor, tu vida es tan abundante que nos regocijamos en tu resurrección, aunque no podamos comprenderla por completo.

Su poder y majestuosidad superan nuestra capacidad de reconocerte tal como eres.

Jesús, prepara nuestros corazones para encontrarte en tu palabra.

Aumenta nuestra fe y ayúdanos a reconocer las muchas formas en que vienes a nosotros.

Permítenos ver en ti, Jesús, cómo podemos prepararnos mejor para nuestro encuentro contigo cara a cara en la gloria.

Amén.

Conversación de apertura

¿Alguna vez los valores o preocupaciones del mundo lo ciegan a la bondad de Dios o lo desaniman de creer en Dios? ¿Cómo? ¿Qué podría hacer para escapar o contrarrestar este desaliento?

Encuentro con Cristo en la Palabra

Juan 20:19-31

19 Al atardecer de aquel día, el primero de la semana, estaban los discípulos con las puertas bien cerradas, por miedo a los judíos. Llegó Jesús, se colocó en medio y les dice: "La paz esté con ustedes". 20 Después de decir esto, les mostró las manos y el costado. Los discípulos se alegraron al ver al Señor. 21 Jesús repitió: "La paz esté con ustedes. Como el Padre me envió, así yo los envío a ustedes". 22 Al decirles esto, sopló sobre ellos y añadió: "Reciban el Espíritu Santo. 23 A quienes les perdonen los pecados les quedarán perdonados; a quienes se los retengan les quedarán retenidos". 24 Tomás, llamado Mellizo, uno de los Doce, no estaba con ellos cuando vino Jesús. 25 Los otros discípulos le decían: "Hemos visto al Señor". Él replicó: "Si no veo en sus manos la marca de los clavos, si no meto

el dedo en el lugar de los clavos, y la mano por su costado, no creeré". [26] A los ocho días estaban de nuevo los discípulos reunidos en la casa y Tomás con ellos. Se presentó Jesús a pesar de estar las puertas cerradas, se colocó en medio y les dijo: "La paz esté con ustedes". [27] Después dice a Tomás: "Mira mis manos y toca mis heridas; extiende tu mano y palpa mi costado, en adelante no seas incrédulo, sino hombre de fe". [28] Le contestó Tomás: "Señor mío y Dios mío". [29] Le dice Jesús: "Porque me has visto, has creído; felices los que crean sin haber visto". [30] Otras muchas señales hizo Jesús en presencia de sus discípulos, que no están relatadas en este libro. [31] Éstas quedan escritas para que crean que Jesús es el Mesías, el Hijo de Dios, y para que creyendo tengan vida por medio de él. Felices los que crean sin haber visto.

1. ¿Por qué está cerrada la puerta? ¿Cómo responde Jesús a los sentimientos de sus seguidores cuando traspasa la puerta?

2. En este pasaje, Jesús habla sobre el perdón del pecado (versículo 23). ¿Cómo definiría el pecado?

3. ¿Cómo explicaría lo que está haciendo Jesús al darles a los discípulos el poder de perdonar y retener los pecados (vers. 23)?

4. ¿Qué tipo de emociones pudo haber sentido Tomás cuando escuchó que los discípulos decían haber visto a Jesús? ¿Qué sintió cuando

vio a Jesús mismo?

5. Ésta a menudo se llama la historia de "Tomás el incrédulo". ¿Cree que Tomás tiene una buena razón de dudar? ¿Habrían creído los otros discípulos si hubieran estado en la misma situación?

6. ¿Por qué cree que la visión de las heridas de Jesús es tan importante para Tomás y los otros discípulos?

7. ¿Piensa que Jesús tomó a mal la duda de Tomás? ¿Por qué sí o por qué no?

8. ¿Qué puede hacer usted para fortalecer su fe cuando no está seguro de si realmente cree en Dios, o de que Jesús fue verdadero Dios y verdaderamente hombre?

9. ¿Piensa que está bien pedirle signos a Dios cuando no está seguro o cuando está buscando una dirección? ¿Ya lo hizo? ¿Qué pasó?

10. ¿Cree que buscar signos plantea algún peligro espiritual? Si es así, ¿cuáles serían?

11. ¿Qué implica esta historia para nosotros cuando no recibimos ningún signo, incluso cuando creemos que lo necesitamos?

Encuentro con Cristo esta Semana

Esta semana, encuentre la oportunidad de tener una conversación con alguien que tenga una fe fuerte. Trate de reunirse con esa persona para una comida o tomar una taza de café, así tendrán tiempo para hablar realmente.

Si siente que viene naturalmente, use las preguntas en esta sesión como iniciadores de conversación. Si no, discutan sobre cualquier pregunta o lucha que puedan tener sobre la fe en Jesús. Si la persona es católica, hable sobre el papel de los sacramentos en su relación con Dios. ¿Qué experimentan cuando van a la confesión o celebran la Eucaristía? ¿Cómo entienden su confirmación? ¿Cómo experimentan a Dios en la oración privada o en la lectura de las Escrituras? ¿Cómo manejan los sentimientos de duda, desilusión o sequedad en su relación con Dios?

Si se siente cómodo, oren juntos sobre sus luchas por creer. La Iglesia nos lleva a una comunidad, y nosotros, como cuerpo de Cristo, la Iglesia, dependemos el uno del otro para crecer en la fe. Juntos, pidan la intercesión de santo Tomás mientras continúan en su camino.

Encuentro con Cristo para la Vida

Haga que alguien lea el siguiente pasaje en voz alta o divídalo entre los miembros del grupo para leerlo en voz alta. Si el tiempo no lo permite durante una reunión en un grupo pequeño, léalo más tarde o vuelvan a reunirse para una reunión final para discutir. Una reunión final sobre este material podría ser una excelente manera de finalizar su tiempo como grupo.

Convertirse en una persona de fe no es fácil en nuestra cultura; puede sentirse totalmente *contra-cultural*. Estamos rodeados de escépticos, agnósticos y de quienes nos dicen que es una necedad seguir a Cristo. La creencia en un Creador a menudo se considera irrelevante y no científica. Muchos se burlan del código moral cristiano y deciden vivir sus propias decisiones. ¡No es de extrañar que algunos que buscan sentido y propósito en sus vidas prefieran no mirar a Cristo para encontrarlo! Pero la bondad es un atractivo poderoso, y la bondad de Jesús es difícil de negar, incluso para los no creyentes.

En el evangelio que leímos por última vez, Tomás, un hombre que realmente caminó con Jesús antes y después de su crucifixión, tiene problemas para entender los caminos del Señor. ¡Cuánto más difícil puede ser para aquellos que no tienen interés en la fe comprender el funcionamiento de Dios! Y, sin embargo, nuestro Señor quiere llevar a cada escéptico a la plenitud de la fe, tal como lo hizo con Tomás. Él también quiere eso para cada uno de nosotros.

Piense en el efecto de estas fuerzas opuestas sobre usted mientras explora vivir su vida en el Señor. Considere los caminos de aquellos que no creen en Jesús y los caminos de los que sí lo hacen. ¿Cómo responde cada grupo de personas a las alegrías y luchas normales de la vida cotidiana? ¿Cómo comprenden los creyentes cristianos y los incrédulos el significado de la vida y la muerte? Considere cómo quiere vivir. Discutan sobre esto juntos.

(Pausa para el debate)

Durante las últimas seis semanas hemos hablado de muchos aspectos de la existencia humana:

- la alegría de la celebración (Bodas de Caná – Semana 1),

- los fuertes vientos que azotan nuestras vidas, nos atemorizan y descarrilan nuestros esfuerzos (Jesús camina sobre las aguas – Semana 2),

- nuestra necesidad de curación y esperanza (la hija de Jairo – Semana 3),

- una autojustificación religiosa y una mentalidad cerrada que condena incluso las cosas buenas (Recogiendo trigo en el día de descanso – Semana 4),

- el poder que las posesiones pueden tener sobre nosotros (El joven rico – Semana 5),

- la lucha con la duda y el deseo de un signo (Tomás el incrédulo – Semana 6).

No importa quién es y en qué cree, esta es la esencia de la vida. Un cristiano no es alguien superior o distante de la humanidad que lucha. Un cristiano es una persona en medio de ella, pero diferente, diferente porque camina con Jesús, que vino a estar con nosotros en nuestras alegrías y tristezas.

Los cristianos creen que Jesús vino porque Dios nos ama y quiere estar con nosotros, ahora y siempre. Este Dios, que no es una superpotencia en el cielo sino Aquel que ama incondicionalmente a cada uno de sus hijos como su propio hijo, no podría soportar que permanezcamos lejos de él. Él no quiere que nosotros forcejemos en la oscuridad de la alienación eterna de lo que es real.

Es posible que ya haya tomado una decisión sobre si desea que Jesús forme parte de su vida. Puede que no. En cualquier caso, el camino a seguir es seguir buscando a Jesús. Si se ha decidido por Jesús, entonces ya desea comprenderlo mejor y crecer en la relación con él. Si no ha tomado una decisión, la única forma de continuar explorando las preguntas es conocerlo mejor.

Llegamos a conocer a las personas por escuchar sobre ellas de la boca de otras personas, hablando con ellas y pasando momentos íntimos con ellas. Conocemos a Jesús de la misma manera. Podemos aprender de él en las historias que cuentan sus amigos, "la nube tan densa de testigos" (Hebreos 12:1). Estos incluyen los amigos que usted conoce ahora, y los hombres y mujeres del mundo antiguo en los que Jesús vivió, murió y resucitó. Ellos quisieron tan apasionadamente compartir a Jesús que contaron y finalmente escribieron las historias de su vida en lo que se convirtieron en las Escrituras Cristianas.

Los santos y los grandes maestros a menudo dejaron un legado escrito de cómo llegaron a amar a Jesús y lo que él significó en sus vidas. Algunos dieron testimonio de su amor a Jesús al morir por él. ¿Por quién sacrificaría su vida? ¿Sus padres? ¿Sus niños? ¿Sus hermanos? ¿Sus amigos? ¿Los extraños?

Jesús llamó amigos a sus discípulos, pero esta no es una amistad ordinaria. Es una amistad que nos cambia radicalmente. Si todavía está haciendo preguntas sobre Jesús, necesita a sus amigos, vivos y muertos, para ayudarle a crecer en la comprensión de Aquel que no solo es amigo sino también maestro, hermano, amante, salvador y Señor.

Si tiene amigos que también son amigos de Jesús, pasar tiempo con ellos u otros cristianos le ayudará a seguir conociéndolo mejor.

Conocerlo leyendo las Escrituras y las escrituras de los santos requiere más compromiso y algunas veces ayuda. El Apéndice B de este libro contiene una breve guía sobre cómo leer con fruto la Biblia y las escrituras espirituales. Comience allí. Comprométase todos los días a leer con oración las Escrituras, reflexionar y buscar a Jesús.

Otra forma de buscar a Jesús es en la misa. Está disponible para nosotros todos los días de la semana. Si es católico, cualquier crecimiento que experimente en este grupo pequeño se intensificará al encontrar a Jesús sacramentalmente en la Eucaristía. Al participar de todo corazón en la "fuente y cumbre"[3] de nuestra fe, nos abrimos a la comprensión de la plenitud de quién es Jesús y a vivir en su amor más completamente.

"Entender" a alguien significa más que simplemente conocer a esa persona. Conocer puede significar una mera relación superficial; entender es algo mucho más profundo. Nunca podemos descubrir por completo a nadie, y mucho menos a Jesús, pero "entender" connota mucho más que la familiaridad. Si entendemos a una persona, tenemos un sentimiento de profunda empatía, un sentido de las motivaciones

3   Documentos del Vaticano II, *Lumen Gentium*, 11;
     Catecismo de la Iglesia Católica, 1324

de esa persona, así como sus esperanzas y sueños, heridas y miedos, y misión y propósito.

Jesús puede ser entendido, eso es lo bueno, ¡la genial noticia! Porque él nos ama, desea ser conocido y comprendido tan profundamente tal como él nos conoce y entiende.

Piense en cuánto quiere que la gente que usted ama lo entiendan a usted. Cuánto más debe querer Jesús esto, cuyo amor y perdón por los defectos humanos es tan grande que perdonó a las personas que lo torturaban y lo mataban *mientras lo hacían.*

Incluso si no creemos que queremos conocer y entender a Jesús, él nos está buscando. Nada "nos podrá separar del amor de Dios manifestado en Cristo Jesús Señor nuestro" (Romanos 8:39).

Busque a quien lo busca. No se arrepentirá.

Oración conclusiva

Haga que una persona ore en voz alta mientras los demás oran silenciosamente.

Todos:

En el nombre del Padre y del Hijo y del Espíritu Santo.

Tú eres tan generoso conmigo,
como lo fuiste con el vino en Caná:
Me has amado primero y me has atraído hacia ti.
Ahora quiero conocerte más y más.

En tu bondad me has creado para ti;
Has puesto dentro de mí un hambre por ti

que no puede ser satisfecho con las cosas de este mundo.

Llévame más cerca de ti día a día:
en la oración, en las Escrituras, en los sacramentos,
y en mi vida diaria.

Quiero atesorarte sobre todas las cosas
y siempre permanecer cerca de ti.

Ayúdame a amarte y adorarte
al igual que tu madre María, santo Tomás,
y todos los apóstoles te adoraron en la tierra,
y como lo hacen ahora en el cielo.

Amén.

Apéndices para los participantes

A: Guía de discusión en grupos pequeños

B: Guía para leer las Escrituras, los maestros espirituales y los santos

C: Guía para el Sacramento de la Reconciliación

Apéndice A: Guía de discusión en grupos pequeños

Un grupo pequeño busca fomentar una exploración honesta de Jesucristo entre sus miembros. Para muchos, esta será una nueva experiencia. Usted se estará preguntando qué sucederá. ¿Encajaré en el grupo? ¿Voy a querer volver?

Aquí hay algunas expectativas y valores para ayudar a los participantes a comprender cómo funcionan los grupos pequeños, lo que los hace funcionar y lo que no. Cuando un grupo se reúne por primera vez, tal vez el facilitador quiera leer lo siguiente en voz alta y conversar con los demás sobre ello para asegurarse de que las personas entiendan las reglas de un grupo pequeño.

Finalidad

Nos reunimos para buscar juntos. Nuestro propósito expreso de estar aquí es explorar juntos lo que significa vivir el evangelio de Jesucristo en y a través de la Iglesia.

Prioridad

Para cosechar todo el fruto de este viaje personal y comunitario, cada uno de nosotros hará que la participación en las reuniones semanales sea una prioridad.

Participación

Nos esforzaremos por crear un entorno en el que se anime a todos a compartir a su nivel de comodidad.

Comenzaremos y terminaremos todas las sesiones con la oración, explorando diferentes maneras de orar juntos a lo largo del tiempo. Discutiremos un pasaje de las Escrituras en cada reunión. Los participantes no necesitan leer el pasaje de antemano; nadie necesita saber nada sobre la Biblia para poder participar. El objetivo es conversar sobre el texto y ver cómo se aplica a nuestras propias vidas.

Directrices para la discusión

El propósito de nuestro tiempo de reunión es compartir una discusión "llena del Espíritu". Este tipo de diálogo ocurre cuando la presencia del Espíritu Santo es bienvenida y alentada por la naturaleza y el tenor de la discusión. Para ayudar a que esto suceda, observaremos las siguientes pautas:

- Los participantes se esfuerzan siempre por ser respetuosos, humildes, abiertos y honestos al escuchar y compartir: no interrumpen, ni responden bruscamente, ni condenan lo que otros dicen ni incluso juzgan en sus corazones.

- Los participantes comparten en el nivel que les resulta cómodo personalmente.

- El silencio es una parte vital de la experiencia. Los participantes tienen tiempo para reflexionar antes de que comience la discusión. Tenga en cuenta que a menudo ocurre un período de silencio cómodo entre las personas que hablan.

- Se alienta a los participantes a compartir con entusiasmo y, al mismo tiempo, a brindar atención para permitir que otros (especialmente los miembros más callados) tengan la oportunidad de hablar. Cada participante debe tratar de mantener un equilibrio: participar sin dominar la conversación.

- Los participantes mantienen confidencial cualquier cosa personal que pueda ser compartida en el grupo.

- Quizás lo más importante es que los participantes cultiven la atención al deseo del Espíritu Santo de estar presentes en el tiempo que pasen juntos. Cuando la conversación parezca necesitar ayuda, pida silenciosamente la intercesión del Espíritu Santo en su corazón. Cuando alguien está hablando de algo doloroso o difícil, ore para que el Espíritu Santo consuele a esa persona. Ora por el Espíritu para ayudar al grupo a responder con sensibilidad y amor. Si alguien no participa, orar por esa persona durante el silencio puede ser más útil que una pregunta directa. Estos son solo algunos ejemplos de las formas en que cada persona puede invocar personalmente al Espíritu Santo.

Tiempo

Nos reunimos semanalmente porque esa es la mejor manera de sentirnos cómodos juntos, pero podemos programar la reunión durante cualquier descanso o feriado cuando mucha gente estará fuera.

Es importante que nuestro grupo comience y termine a tiempo. En general, un grupo se reúne durante unos noventa minutos, con unos treinta minutos adicionales más o menos para tomar un refrigerio. Pónganse de acuerdo acerca de estos tiempos como grupo y hagan todo lo posible para respetarlos.

Apéndice B: Guía para leer las Escrituras, los santos y los maestros espirituales

Una vez que Dios capta nuestra atención, a menudo nos encontramos queriendo más. Sucede al mismo tiempo que no tenemos la mínima idea sobre cómo buscar a Dios por nuestra cuenta sin el apoyo de nuestro grupo pequeño.

La tradición católica contiene un tesoro oculto de riquezas espirituales de las cuales podemos absorber. Este apéndice ofrece una variedad de medios para conocer a Jesús más profundamente: discutir las Escrituras con un amigo, leer la Biblia y leer los escritos de los santos y maestros espirituales. Hojee para encontrar lo que le hable a su corazón.

Para una discusión con un amigo cristiano no católico

Lean Hebreos 4:12 juntos y analicen las siguientes preguntas:

1. ¿Qué significa para usted la metáfora "más cortante que espada de dos filos"?

2. ¿Por qué la palabra de Dios penetra "hasta la separación de alma y espíritu, articulaciones y médula"? ¿Qué cree que el escritor de Hebreos quiere que usted entienda por esta imagen / metáfora?

3. ¿Puede explicar en términos prácticos cómo la palabra de Dios juzga las reflexiones y los pensamientos del corazón?

4. ¿Alguna vez ha experimentado la palabra de Dios volviéndose "viva" para usted, tocando su corazón y su mente para convertirlo, incluso si se trataba de algo menor?

5. ¿Alguna vez recurre a la palabra de Dios en momentos en que no tiene otro lugar dónde acudir? ¿Cuáles han sido los resultados?

6. ¿Qué dificultades ha tenido con las Escrituras? ¿Cómo ha podido enfrentarlas?

Conociendo a Cristo a través de la Biblia

1. Un bolígrafo y un papel pueden marcar la diferencia entre leer la Biblia y meditar realmente sobre ella: considerar la historia o enseñanza profundamente para familiarizarse más con Jesús.

2. Escriba las observaciones sobre el texto mientras lee y escriba las preguntas que se le ocurran, ya sea en los márgenes de su Biblia o en un diario.

3. Busque las referencias cruzadas si su Biblia las tiene, o en línea, especialmente si se relacionan con sus preguntas. Anote sus ideas

4. Encuentre una palabra clave en su texto que le interese y use una concordancia en línea para revisar dónde aparece. Lee esos otros pasajes para profundizar tu comprensión del significado de esa palabra. Tenga en cuenta sus sentimientos.

5. Para aquellos que son más visuales, hagan un dibujo inspirado en una historia bíblica.

6. Resuma por escrito lo que sucedió en la Escritura que leyó, o lo que el escritor estaba diciendo.

Los tres elementos esenciales para una rica experiencia de Dios a través de las Escrituras: Memorizar, meditar y aplicar

Memorizar

Podemos pensar que la memorización es tediosa y una pérdida de tiempo, pero eso no es cierto. Tener las palabras de Jesús o sus seguidores al alcance de la mano puede ser un paso importante para conocerlo.

Cuando realmente conoce a un amigo, a veces piensa: "Sé lo que diría N.N. en esta situación". Este también es el caso con Jesús. A medida que lo conozca mejor, querrá recordar algo que dijo, porque a medida que lo haga, sentirá su presencia más intensamente. Pero solo puedes hacerlo si has memorizado sus palabras.

Si las sabe de memoria, las Escrituras están disponibles para usted en cualquier momento, en cualquier lugar, de día o de noche, ya sea que esté libre o en prisión, saludable o enfermo, caminando con un amigo o sentado en silencio antes de la Eucaristía.

Aquí hay algunas técnicas para ayudarlo con la memorización:

1. Memorizar es mucho más fructífero después de haber meditado en un pasaje. (Vea las instrucciones para la meditación a continuación).

2. Memorice de manera constante durante unos días en lugar de atiborrar todo de una vez. Retendrá la información por más tiempo, y al meditar en ella, le dará tiempo para considerar lo que se está diciendo.

3. Continúe revisando las palabras que haya memorizado, o las perderá. Uno de los mejores momentos para hacerlo es justo antes de dormirse. Al acostarse, no necesita la mente fresca que necesita para una nueva memorización.

Meditar

La meditación es un pensamiento profundo sobre las enseñanzas y las realidades espirituales en las Escrituras con el propósito de comprender, aplicar y orar. Una breve descripción podría ser "absorción", "atención enfocada" o "consideración intensa".

La meditación va más allá de escuchar, leer, estudiar o incluso memorizar. Es un medio de absorber las palabras y permitir que Dios le hable a través de ellas.

Tanto judíos como cristianos han atestiguado que *Dios usa las Escrituras para hablarnos*. Cuando nos ponemos a disposición de Dios mental y espiritualmente de esta manera, él llega a nosotros a través de la palabra.

Dios es gentil y misericordioso; nunca nos forzará. Por el contrario, nos invita continuamente. Cuando le damos el tiempo y la atención que requiere la meditación, Dios a cambio nos da todos los regalos que un padre amoroso desea dar a sus hijos.

Comience con los versículos que se relacionen notablemente con sus propias preocupaciones y necesidades personales. Estos se pueden encontrar fácilmente en cualquier motor de búsqueda de Internet. (Por ejemplo, busque "Pasaje de las Escrituras sobre la ansiedad" o "Versículos de la Biblia sobre cómo buscar la fortaleza de Dios"). A través de las Escrituras relevantes para su vida, Dios puede satisfacer sus necesidades muy rápidamente. Él quiere que nuestra comunicación con Jesús se arraigue en las Escrituras.

Algunos consejos y métodos para la meditación:

1. Resuma con sus propias palabras lo que dice el pasaje, o qué sucede y en qué orden en una narración o diálogo.

    •   Puede hacerlo mentalmente, pero es incluso mejor si lo anota en un diario. Esta es una práctica extremadamente útil. Algunos de nosotros pensamos que conocemos las

Escrituras porque son proclamadas en la iglesia, particularmente en los Evangelios. Sin embargo, cuando intentamos resumir en orden de eventos / diálogo, ¡aprendemos cuánto nos hemos perdido!

- No se preocupe por tratar de resumir de memoria: debe volver al texto para aclararlo. A veces, observar que ha pasado por alto los versículos puede ser una indicación de que necesita dedicar tiempo a una enseñanza en particular.

2. Hable con Jesús sobre el pasaje de las Escrituras que está leyendo.

- Al hablar con Jesús, usted somete su mente a la iluminación del Espíritu Santo sobre el texto e intensifica su percepción espiritual.

- Permita tiempo tanto para leer y hablar con Jesús. Si apresura la lectura, no retendrá nada. Si dice unas pocas palabras a Jesús y luego sale corriendo, no está realmente dándole tiempo para hablarle o explicarle las cosas. Piense en cuánto retiene o recibe cuando se apresura a hablar con otra persona. ¡Lo mismo sucede con Dios!

3. No muerda más de lo que pueda masticar. Es mejor leer y considerar algunos versículos o pasajes cortos que ingerir grandes trozos sin meditación.

Aplicar

Si hacemos algo acerca de lo que leemos, lo que leemos se incorpora a nuestras vidas como de ninguna otra manera. "Pero no basta con oír el mensaje hay que ponerlo en práctica, de lo contrario se estarían engañando a ustedes mismos" (Santiago 1:22). Una aplicación es un paso concreto que usted puede tomar en respuesta a su oración y meditación.

1. Espere encontrar una aplicación: ¡abra la Biblia con ansias y esperanza de descubrir lo que necesita!

2. Medite para discernir una aplicación. La meditación no es un fin en sí misma. Esta conduce a la transformación interna, y la transformación interna proviene y conduce a la acción.

3. A veces, un paso de acción es tan evidente que salta de la página. Si esto no sucede, asegúrese de hacer preguntas sobre el texto que lo orienten hacia la acción. Por ejemplo:

   • ¿Este texto revela algo en lo que debería creer?

   • ¿Este texto revela algo por lo que debo alabar, agradecer o confiar en Dios?

   • ¿Este texto revela algo por lo que debo orar tanto por mí mismo como por los demás?

   • ¿Este texto revela algo sobre lo cual yo debería tener una nueva actitud?

- ¿Este texto revela algo sobre lo cual yo debería tomar una decisión?

- ¿Este texto revela algo que debería hacer por Cristo y los demás o por mí mismo?

Comprométase con una respuesta específica. Menos es más cuando uno obra realmente.

Las técnicas de lectura y meditación de las Escrituras son necesarias porque todos debemos evitar la lectura superficial. La tecnología moderna nos forma para una comunicación rápida y superficial. De hecho, a menudo hablamos con otros superficialmente porque nuestra atención está en los mensajes de texto, los tweets, lo siguiente que estamos haciendo, ¡la lista es interminable!

Debemos luchar contra esta tendencia por el bien de nuestra humanidad. En un episodio de un antiguo programa de televisión de ciencia ficción, el *Star Trek* original, los antiguos habitantes de otro planeta se habían acelerado continuamente, moviéndose tan rápido que se convertían en simples sonidos de zumbido. Cuando invadieron la nave espacial Enterprise, la tripulación pensó que las moscas habían llegado con suministros de alimentos. Estos alienígenas habían perdido sus propios seres porque valoraban la velocidad por encima de todo lo demás.

Observe si está leyendo las Escrituras apresuradamente o de una manera superficial porque cree que debería hacerlo, no porque esté buscando encontrarse con Dios allí.

Si Jesús te hubiera encontrado hoy en la calle, ¿crees que sería superficial, escuchando a medias, apresurado o distraído? ¿Pueden estos ser los caminos de un Dios amoroso? Si no, ¡entonces tampoco pueden ser el camino de una persona amorosa! Recuerda, Cristo es esas "otras personas" que encontrará en la calle y donde sea que vaya cada día. La atención amorosa a Dios en las Escrituras nos forma para la atención amorosa a los demás.

Lectura Espiritual

La Iglesia siempre ha valorado el testimonio de la comunión de los santos. Somos afortunados de que, como católicos, tenemos una rica tradición de historias de hombres y mujeres santos cuyas vidas han sido testigos de su gran amor a Dios y a los demás. Además, muchos santos canonizados por la Iglesia, así como otros maestros espirituales, han dejado obras escritas o artísticas que la Iglesia reconoce como herramientas invaluables para llegar a conocer a Dios.

Quizás, especialmente si fue criado como católico, ya tiene un interés en un santo o maestro específico. Si es así, averigüe si ese santo ha dejado alguna obra escrita o artística. Una u otra pueden ser usadas para considerar a Jesús. O pregúntele a un amigo acerca de los santos cuyas escrituras los han ayudado. Las biografías de las vidas de los santos y los héroes cristianos también pueden inspirar la lectura.

La lectura espiritual es muy parecida a la meditación de las Escrituras. Si leemos rápidamente y no consideramos lo que hemos leído, no nos queda mucho. Si leemos lentamente y dejamos tiempo para pensar sobre lo que hemos leído, lo absorberemos. Dios se comunica con nosotros a través de la lectura considerada.

La lectura de las Escrituras con la meditación tiene prioridad sobre la lectura espiritual porque los cristianos siempre han enseñado que las Escrituras son el medio privilegiado por el cual Dios obra en nuestros corazones y nuestras mentes. Es por eso que los cristianos fomentan la lectura diaria de las Escrituras por encima de cualquier otra lectura espiritual. Los santos y maestros nos iluminan e inspiran para la lectura de las Escrituras.

The Evangelical Catholic recomienda leer y meditar en las Escrituras por la mañana, cuando uno está fresco o durante un descanso del día. Puede guardar la lectura espiritual para más tarde, ya sea por la noche o antes de acostarse.

Escritos de los Santos y Maestros Cristianos

Algunos clásicos que han ayudado a aquellos que buscan conocer a Cristo:

Camino de Perfección de Teresa de Ávila. Este es el mejor libro para comenzar cuando uno lee a Santa Teresa. Una doctora de la Iglesia, Teresa es amada por muchos por sus escritos sobre la oración y la vida espiritual. Este libro es corto y simple. El lenguaje directo y el estilo popular de Teresa lo convierten en una lectura particularmente atractiva.

La *Autobiografía de Teresa de Ávila*, también llamada *La historia de su vida*. Este es más largo que el

Camino de Perfección e incluye la famosa metáfora de Santa Teresa sobre la oración como jardín. Lea esto cuando esté listo para un tiempo prolongado con Santa Teresa.

La historia de un alma, también llamada *La autobiografía de Santa Teresa de Lisieux*. En las encuestas sobre los santos favoritos, Santa Teresita siempre encabeza la lista. Ella habla en sus memorias con una voz honesta y sin afectaciones, casi como la voz de un niño. Ella murió como una monja carmelita de clausura a la edad de veinticuatro años, pero a pesar de su corta edad, pronto fue reconocida como una gigante espiritual. Santa Teresita es conocida por su "caminito" de amor humilde. Suena simple o tonto, hasta que uno lo intenta. Entonces aprendemos cómo el amor sacrificial, como Jesús, realmente requiere que perdamos nuestra vida para salvarla.

La *Introducción a la Vida Devota* por San Francisco de Sales. Esta es una gran lectura para principiantes porque tiene mucha dirección sobre cómo vivir como seguidor de Jesús. Puede leer cada capítulo corto y accesible en solo diez o quince minutos. Leer uno cada día le dará mucha sustancia espiritual real para masticar.

Los Pensamientos de Blaise Pascal. Este clásico ha influido en innumerables cristianos. Pascal fue un matemático del siglo diecisiete. Los *Pensamientos* son fragmentos dispersos de sus reflexiones teológicas y filosóficas después de su conversión al cristianismo.

Nuevas semillas de contemplación y Ningún hombre

es una isla por Thomas Merton. Merton es amplia-
mente considerado como uno de los escritores espirituales más importantes del siglo XX. Su genio está
en su prosa. La prosa compartimentada proporciona
"pepitas" de lectura rápidas y sofisticadas, capaces
de guiarlo a pensamientos profundos sobre Dios. El
lenguaje de sus trabajos posteriores es más accesible
que el de los anteriores.

Las Confesiones de San Agustín. Este clásico muy
querido detalla la búsqueda de Dios por parte de
Agustín. La inmediatez de su lucha por creer es evidente y algo con lo que cada persona, incluso hoy en
día, puede identificarse. La historia de conversión de
Agustín termina con el Libro 9. Los últimos capítu-
los están escritos como una larga disquisición sobre
el tiempo y la memoria. Esto es rico, pero no es para
todos los lectores.

La imitación de Cristo por Tomás de Kempis.
Además de la Biblia, ningún libro ha sido traducido
a más idiomas que este clásico. Era uno de los favoritos de Teresa de Ávila, Tomás Moro, Ignacio de
Loyola (fundador de los jesuitas), Teresa de Lisieux
e innumerables santos y cristianos de otras denom-
inaciones, incluidos John Wesley y John Newton,
fundadores del movimiento metodista. El libro se ha
mantenido popular debido a sus profundos cono-
cimientos sobre la naturaleza humana y la lucha por
vivir una vida santa.

Autobiografía de San Ignacio de Loyola. Esta breve
descripción de la famosa conversión de San Ignacio
de un soldado mujeriego a un mendicante cristiano,

o mendigo, es una lectura clásica y fácil. La historia incluye las observaciones de Ignacio sobre su vida interior mientras se recuperaba de serias heridas de guerra. Estas se convierten no solo en la causa inmediata de su conversión, sino que también sientan las bases para su pensamiento sobre el discernimiento de los espíritus en sus *Ejercicios espirituales.*

La larga soledad de Dorothy Day. Day era una joven comunista mundana en el apogeo de los movimientos sociales de principios del siglo XX. Ella vivía en la ciudad de Nueva York como muchas mujeres jóvenes viven hoy: tener amantes, tener un aborto, y promover una salvación secular a través del cambio político. Después de su conversión al catolicismo, Dorothy Day fundó el Movimiento de los Trabajadores Católicos, que aún existe en la actualidad, para ofrecer hospitalidad a Cristo en los pobres y necesitados. Escrito de forma simple y muy conmovedor, el libro de Dorothy Day es una de las grandes historias de conversión del siglo pasado.

Apéndice C: Guía para el Sacramento de la Reconciliación

Si ha pasado mucho tiempo desde la última vez que confesó, o si nunca la ha hecho, tal vez dude y esté inseguro. No deje que estos sentimientos tan comunes se interpongan en su camino. Reconciliarse con Dios y la Iglesia siempre trae gran alegría. Dé el paso, ¡se alegrará de haberlo hecho!

Si le ayuda a aliviar sus temores, familiarícese con la descripción paso a paso del proceso a continuación. La mayoría de los sacerdotes se complacen en ayudar a cualquiera que esté dispuesto a correr el riesgo. Si olvida algo, el sacerdote se lo recordará. Así que no se preocupe por memorizar cada paso y palabra. Recuerde, Jesús no te está dando una prueba; ¡él solo quiere que usted experimente la gracia de su misericordia!

Los católicos creen que el sacerdote actúa *in persona Christi*, en la persona de Cristo. La belleza de los sacramentos es que nos tocan ambos física y espiritualmente. En el nivel físico, en la Confesión escuchamos las palabras de absolución a través de la persona del sacerdote. En el nivel espiritual, sabemos que es Cristo quien nos asegura que realmente nos ha perdonado. ¡Somos purificados!

Por lo general, tiene la opción de ir a confesión de forma anónima, en un confesionario o en una habitación con una pantalla, o cara a cara con el sacerdote. Cualquiera que sea su preferencia, el sacerdote la aceptará.

Pasos del Sacramento de la Reconciliación:

1. Prepárese para recibir el Sacramento orando y examinando su conciencia. Si necesita ayuda, puede encontrar muchas listas diferentes de preguntas en línea que lo ayudarán a examinar su conciencia.

2. Una vez que esté con el sacerdote, comience haciendo la Señal de la Cruz mientras saluda al sacerdote con estas palabras: "Bendíceme padre, porque he pecado". Entonces dígale cuánto tiempo ha pasado desde su última confesión. Si es su primera confesión, dígaselo.

3. Confiese tus pecados al sacerdote. Si no está seguro de nada, pídale que lo ayude. Ponga su confianza en Dios, que es un Padre misericordioso y amoroso.

4. Cuando termine, indíquelo diciendo: "Pido perdón por estos y todos mis pecados". No se preocupe más tarde si se ha olvidado algo. Esta declaración final cubre todo lo que no se le ocurrió en el momento. Confíe en Dios que trajo a la mente lo que él quería que abordara.

5. El sacerdote le asignará una penitencia, como una oración, una lectura de las Escrituras, o una obra de misericordia, servicio o sacrificio.

6. Exprese dolor por sus pecados diciendo un Acto de Contrición. Muchas versiones de estas oraciones se pueden encontrar en línea. Si la memorización es difícil para usted, solo diga que lo siente con sus propias palabras.

7. El sacerdote, actuando de nuevo en la persona de Cristo, le absuelve de sus pecados diciendo: "Y yo te absuelvo de tus pecados en el nombre del Padre, del Hijo y del Espíritu Santo". Responda haciendo la Señal de la Cruz y diciendo: "Amén".

8. El sacerdote ofrecerá una proclamación de alabanza, como "Den gracias al Señor, porque es bueno" (del Salmo 136). Puede responder: "Su misericordia es eterna".

9. El sacerdote lo despedirá.

10. Asegúrese de completar su penitencia asignada de inmediato o tan pronto como sea posible.

Apéndices para los facilitadores

D: La función de un facilitador

E: Guía para cada sesión de Signos y Prodigios

F: Dirigiendo la Oración y "Encuentro con Cristo esta Semana"

Apéndice D: La función del facilitador

Tal vez ninguna habilidad es más importante para el éxito de un grupo pequeño que la capacidad de facilitar una discusión con amor. Es el Espíritu Santo de Dios que trabaja a través de nuestro viaje espiritual personal, no necesariamente nuestro conocimiento teológico, lo que hace que esto sea posible.

Las siguientes directrices pueden ayudar a los facilitadores a evitar algunos de los escollos comunes de la discusión en grupos pequeños. El objetivo es abrir la puerta para que el Espíritu tome la iniciativa y guíe cada respuesta porque usted está en sintonía con sus movimientos.

Ore diariamente y antes de la reunión de su grupo pequeño. ¡Esta es la única forma en que puede aprender a sentir las amables mociones del Espíritu cuando éstas vienen!

Usted es un facilitador, no un maestro

Como facilitador, puede ser extremadamente tentador responder cada pregunta. Puede tener excelentes respuestas y estar emocionado de compartirlas con sus hermanos y hermanas en Cristo. Sin embargo, un método más socrático, mediante el cual usted intenta obtener respuestas de los participantes, es mucho más fructífero para todos los demás y para usted también.

Adquiera el hábito de reflejar las preguntas o comentarios de los participantes a todo el grupo antes de ofrecer su propia opinión. No es necesario que usted, como facilitador, participe de inmediato en la discusión ni ofrezca una respuesta magistral. Cuando otros hayan tratado suficientemente un problema, intente ejercer moderación en sus comentarios. Simplemente afirme lo que se ha dicho; luego agradézcales y siga adelante.

Si no sabe la respuesta a una pregunta, haga que un participante la busque en el *Catecismo de la Iglesia Católica* y la lea en voz alta al grupo. Si no puede encontrar una respuesta, solicite a alguien que investigue la pregunta para la próxima sesión. Nunca se sienta avergonzado de decir: "No sé". Simplemente reconozca la calidad de la pregunta y ofrezca hacer un seguimiento con esa persona después de investigar el asunto. Recuerde, usted es un facilitador, no un maestro.

Afirmar y alentar

Es más probable que repitamos un comportamiento cuando éste es alentado abiertamente. Si desea una participación y un intercambio más activos, confirme positivamente las respuestas de los miembros del grupo. Esto es especialmente importante si las personas comparten desde sus corazones. Un simple "Gracias por compartir eso" puede ser de gran ayuda para fomentar la discusión en su pequeño grupo.

Si alguien ha ofrecido una respuesta teológicamente cuestionable, no se ponga nervioso o combativo. Espere hasta que otros hayan ofrecido su opinión. Es muy probable que alguien ofrezca una respuesta más útil, que usted puede afirmar diciendo algo como: "Esa es la perspectiva cristiana sobre ese tema. Gracias".

Si no se da una respuesta aceptable y usted conoce la respuesta, tenga mucho cuidado y respeto en sus comentarios para no parecer presumido o farisaico. Puede comenzar con algo como: "Esas son perspectivas interesantes". "Lo que la Iglesia ha dicho sobre esto es...".

Evite digresiones inútiles

Nada puede descarrilar una discusión llena de Espíritu más rápidamente que una digresión innecesaria. Intente mantener la sesión por el buen camino. Si la conversación se aparta del tema, pregúntese: "¿Es esta una digresión guiada por el Espíritu?". ¡Pregúntele al Espíritu Santo también! Si no, haga volver al grupo al punto de conversación haciendo una pregunta que dirija la conversación al pasaje de las Escrituras o a un tema sobre el cual hayan estado discutiendo. Incluso puede sugerir amablemente: "¿Nos hemos alejado un poco del tema?". La mayoría de los participantes responderán positivamente y volverán al tema a través de manera de guiar sensible.

Dicho esto, algunas digresiones pueden valer la pena si percibe un movimiento del Espíritu. Puede ser exactamente donde Dios quiere dirigir la discusión. Descubrirá que correr riesgos puede producir hermosos resultados.

No tema el silencio

Acepte los silencios. La mayoría de la gente necesita uno o dos momentos para responder a una pregunta. Es bastante natural necesitar algo de tiempo para formular nuestros pensamientos y ponerlos en palabras. Algunos pueden necesitar un momento solo para reunir el valor para hablar.

Independientemente de la razón, no tema un breve momento de silencio después de hacer una pregunta. Permita que todos en el grupo sepan desde el comienzo que ese silencio es una parte integral de la discusión normal en grupos pequeños. No necesitan estar ansiosos o incómodos cuando esto sucede. ¡Dios trabaja en silencio!

Esto se aplica también a los momentos de oración. Si nadie comparte o reza luego de una cantidad de tiempo suficiente, avance graciosamente.

El poder de la hospitalidad

Un poco de hospitalidad puede llegar lejos en la creación de la comunidad. A todos les gusta sentir que uno se ocupa de ellos. Esto es especialmente cierto en un grupo pequeño cuyo propósito es conectarse con Jesucristo, un modelo de atención, apoyo y compasión.

Salude a los participantes personalmente cuando vengan por primera vez. Pregúnteles cómo estuvo su jornada. Tómese su tiempo para participar en las vidas de los participantes de su grupo pequeño. Preste especial atención a los recién llegados. Haga un esfuerzo de recordar el nombre de cada persona. Ayude a todos a sentirse cómodos y en casa. Permita que su pequeño grupo sea un entorno donde las relaciones auténticas toman forma y florecen.

Fomente la participación

Ayude a todos a participar, especialmente a aquellos que son naturalmente menos expresivos o extrovertidos. Para alentar la participación inicialmente, siempre invite a varios miembros del grupo a leer en voz alta las lecturas seleccionadas. En el futuro, incluso después de que la mayoría del grupo se sienta cómoda compartiendo, es posible que todavía tenga algunos miembros más tranquilos que rara vez ofrecen una respuesta voluntaria a una pregunta pero que estarían encantados de leer.

¿Meteorología?

Vigile el "barómetro del Espíritu Santo". ¿La discusión es agradable al Espíritu Santo? ¿Esta conversación conduce a los participantes a una conexión personal más profunda con Jesucristo? Es importante discutir los aspectos intelectuales de nuestra fe, pero la conversación a veces puede degenerar en un escaparate no edificante de intelecto y ego. Otras veces, la discusión se convierte en una oportunidad para chismorrear, detraer, quejarse o incluso difamar. Cuando esto sucede, ¡casi puedes sentirse que el Espíritu Santo abandona la habitación!

Si usted es consciente de que esta dinámica ha invadido una discusión, tómese un momento para orar en silencio en su corazón. Pídale al Espíritu Santo que lo ayude a llevar la conversación a un tema más sano. Esto a menudo se puede lograr simplemente pasando a la siguiente pregunta.

Ritmo

Por lo general, lo mejor para usted es establecer el ritmo de la sesión para que finalice en el tiempo asignado, pero a veces esto puede ser imposible sin sacrificar una conversación de calidad. Si llega al final de su reunión y descubre que ha cubierto solo la mitad del material, ¡no se preocupe! Esto es a menudo el resultado de una animada discusión llena del Espíritu y de una reflexión teológica significativa.

En tal caso, puede tomar tiempo en otra reunión para cubrir el resto del material. Si solo le queda una pequeña porción, puede pedirles a los participantes que oren por sí mismos y que vengan a la siguiente reunión con cualquier pregunta o idea que puedan tener. Incluso si debe omitir una sección para terminar a tiempo, asegúrese de dejar tiempo suficiente para la oración y para revisar la sección "Encuentro con Cristo esta Semana". Esto es vital para ayudar a los participantes a integrar sus descubrimientos hechos en el grupo en sus vidas diarias.

Amistades genuinas

La mejor manera de mostrar el amor e interés de Jesús en los miembros de su pequeño grupo es reunirse con ellos para tomar un café, un postre o una comida fuera del horario de su grupo pequeño.

Puede comenzar sugiriendo que todo el grupo se reúna para tomar un helado o algún otro evento social fuera del tiempo de su grupo pequeño. Socializar permitirá que las relaciones se desarrollen al ofrecer la oportunidad de diferentes tipos de conversación que lo que sucede durante el grupo. Notará una diferencia inmediata en la calidad de la comunidad en su pequeño grupo en la próxima reunión.

Después de este primer encuentro del grupo, trate de encontrarse cara a cara con cada persona de su grupo pequeño. Esto permite una conversación más profunda y un intercambio personal, brindándole a usted la oportunidad de conocer mejor a cada participante para que pueda amarlos y atenderlos como lo haría Jesús.

Jesús llamó a los doce apóstoles para que pudieran estar "con él" (Marcos 3:14). Cuando las personas pasan tiempo juntas, comen juntas, ríen juntas, lloran juntas y hablan sobre lo que les importa, se desarrolla una intensa comunidad cristiana. Ese es el tipo de comunidad que Jesús estaba tratando de crear, y ese debe ser el tipo de comunidad que tratamos de crear, porque cambia las vidas. ¡Y las vidas cambiadas cambian el mundo!

Alegría

Recuerde que buscar el rostro del Señor trae alegría. Nada es más satisfactorio, más esclarecedor y más hermoso que fomentar una relación profunda y duradera con Jesucristo. Abrace a sus participantes y todo el viaje espiritual con un espíritu de anticipación gozosa de lo que Dios quiere lograr.

Les he dicho esto para que participen de mi alegría y sean plenamente felices. (Juan 15:11)

Apéndice E: Guía para cada sesión de *Signos y Prodigios*

Dios puede respondernos personalmente a través de las Escrituras, sin importar cuánto conocimiento tengamos de los tiempos bíblicos. Pero Dios también puede hablarnos a través de información comúnmente conocida sobre las situaciones sociales y religiosas en el momento en que Jesús vivió. Estas notas lo ayudarán a ayudar a su grupo a comprender mejor las Escrituras que lee cada semana

Si bien algunos de estos hechos históricos y religiosos son fascinantes, siempre resista cualquier impulso de enseñar demasiado en lugar de facilitar una conversación. Esta información se proporciona en caso de que la conversación vaya en una dirección en la que conocer estos hechos sea relevante y útil. En ese caso, comparta brevemente, idealmente con sus propias palabras, y luego haga una pregunta acerca de cómo esto puede profundizar su comprensión de lo que estaba sucediendo. En otras palabras, devuelva la conversación al grupo lo más rápido posible.

Las notas para la Semana 1 incluyen sugerencias sobre cómo hacer que las personas se sientan cómodas, mientras que las notas de la Semana 6 sugieren ideas para alentar a los participantes a avanzar hacia una vida más profunda en Cristo.

Revise las notas de cada sesión mientras se prepara cada semana. Tome notas para que pueda resumir la información con sus propias palabras en caso de que sea apropiado para la conversación.

Semana 1: Las bodas de Caná

Tal vez no todos los miembros en su grupo pequeño se conozcan entre sí. La primera vez que se encuentren, puede tranquilizar a la gente haciendo algunas preguntas. Puede usar las que sugerimos a continuación, o puede formular sus propias preguntas.

Al elegir las preguntas, es importante que no haya una respuesta correcta o incorrecta; elija temas sobre los cuales nadie pueda sentir que su respuesta es la única correcta. Asegúrese de evitar cualquier cosa controvertida. Durante este proceso, puede pedirles a las personas que compartan sus nombres.

- ¿Quién es el mejor mariscal de campo de la NFL?

- ¿Cuál crees que es la mejor manera de pasar unas vacaciones?

Aquí hay algunos ejemplos de respuestas:

- "Soy Greg. Soy un estudiante de primer año, estoy en el dormitorio _____ y soy amigo de _____. ¡Él me hizo venir! ¡Creo que Peyton Manning es el mejor mariscal de campo que la NFL haya visto o verá jamás!".

- "Soy Leslie: madre de tres hijos y feligresa de St. Luke. La mejor manera de pasar unas vacaciones es tener una niñera a tiempo completo durante una semana, en cualquier lugar".

85

Discusión de las Escrituras

Si la discusión se centra en la importancia de la escasez de vino en la boda, puede ser útil explicar la importancia del vino en el tiempo de Jesús. El vino se asociaba especialmente con las comidas, fiestas y celebraciones.[4] Debido a sus connotaciones de bendición, alegría y abundancia, la ausencia de vino en una celebración de bodas avergonzaría particularmente a un anfitrión.

Si las vasijas grandes de agua se vuelven relevantes para la discusión, puede ser útil compartir que probablemente estaban presentes para el uso de los lavados rituales judíos. El lavado era parte de la ley que guiaba la vida de cada judío observante.

Su grupo podría explorar el simbolismo de Jesús transformando el agua para la purificación por el vino, pero no fuerce esto si no aparece en la conversación. Según un erudito de las Escrituras, "Esta transformación es una señal de quién es Jesús, a saber, el enviado por el Padre que ahora es el único camino hacia el Padre. Todas las instituciones religiosas, costumbres y fiestas anteriores pierden sentido en su presencia".[5] El punto principal es este: el mismo Jesús que cambió el agua en vino también puede transformarnos.

---

4   Traducción del artículo "Wine" [Vino] *HarperCollins Bible Dictionary.* © 2015, Society of Biblical Literature. En línea en Bible Odyssey / w/ wine/ http://www. bibleodyssey.org/HarperCollinsBibleDictionary/w/ wine.aspx.

5   Traducción al español de Raymond E. Brown, S.S. *The Anchor Bible: The Gospel According to John (I–XII)*, 104. (New York: Doubleday), 1966, pág. 104.

Semana 2: Jesús camina sobre las aguas

La sección "Encuentro con Cristo esta Semana" se enfoca en la presencia amorosa de Dios con nosotros a través de todas las pruebas, dificultades y dudas. Cuando decimos que Dios "nos permite dudar o incluso rechazarlo para no sobreponerse a nuestro libre albedrío", o que "los caminos de Dios son misteriosos", no significa en absoluto que Dios nos impida activamente creer en él. Más bien, nos deja a nosotros elegir creer en él. Una muestra abrumadora de su poder podría evitar que nosotros lo elijamos libremente. Por su presencia constante y a menudo silenciosa, estamos invitados a un nivel más profundo de confianza y abandono a su amor y cuidado.

Tenga cuidado de no permitir que la discusión se centre fuertemente en la duda o el libre albedrío. La discusión de ideas filosóficas puede hacer descarrilar rápidamente un intercambio lleno del Espíritu Santo. Si surge el tema, invite a los miembros del grupo a compartir sus luchas personales en la oración y la confianza en Jesús. Recuérdeles los temas y las aplicaciones que exploró durante su discusión sobre Pedro caminando sobre el agua. La invitación de Jesús a salir de la barca podría ser un tema útil para atraer a las personas a compartir sobre sus vidas espirituales en lugar de explorar conceptos y teorías.

Como regla general, siempre pase de una discusión filosófica cargada a la invitación de Jesús a que cada persona lo encuentre personalmente. Al redirigir la discusión, alentará a los participantes a llevar sus corazones y experiencias humildemente a Dios mismo. En última instancia, es Jesús quien les dará la gracia de considerar los asuntos intelectuales a la luz de la fe y perseverar a través de todas y cada una de las dificultades en sus vidas.

Sin embargo, no ignore los pensamientos e ideas de los miembros de su grupo. Si alguien está luchando más profunda e intensamente con dudas sobre Dios, o tiene una pregunta sobre el libre albedrío, generalmente no es útil abordarlo en el tiempo del grupo. Trate de encontrarse con esa persona personalmente para hablar más. Ese es un mejor lugar para apoyar y alentar a alguien en su situación específica y abordar sus inquietudes.

Mientras los miembros del grupo conversan sobre cualquier tema filosófico, nunca interrumpa a nadie que esté compartiendo inquietudes intelectuales. En su lugar, defiéndalo, dígale que le encantaría escuchar más o explorar sus pensamientos más allá del grupo, y suavemente dirija la conversación a una discusión en la que todos los miembros del grupo puedan participar.

Aliente a todos los miembros del grupo a orar el uno por el otro para experimentar un encuentro vivificante con Jesús que los ayudará a creer o fortalecer su fe. Recuérdeles las palabras de Jesús a los discípulos en la barca: "¡Ánimo! Soy yo, no teman" (Mateo 14:27). Es en estos tiempos de duda, cuando clamamos al Señor, "sálvame", que Jesús nos toma de la mano, como a Pedro, y nos atrapa. Ahí es cuando podemos abandonar la duda y poner nuestra fe en Jesús.

Semana 3: Jesús resucita a una niña

El pasaje de las Escrituras de esta semana vuelve a contar dos milagros: Jesús sana a la mujer que sufría de hemorragias y resucita a la hija de Jairo de entre los muertos. Ambas situaciones parecían sin esperanza. La mujer había sangrado durante doce años (tal vez significando un estado permanente) y la niña estaba muerta. Ambas eran ritualmente impuras.

La Torá (los primeros cinco libros del Antiguo Testamento) contiene cientos de leyes para Israel con respecto a la pureza ritual. La mujer que padecía de hemorragias está sujeta a una de estas leyes: "De acuerdo con Levítico 15:25-31, una mujer así sería 'impura' y tenía que ser separada de Israel".[6] Cualquier cosa o persona que tocara se volvía impura, requiriendo un lavado ritual y un período de purificación. Del mismo modo, cualquiera que tocase un cuerpo muerto también se volvería impuro (Números 19:11-12).

A través de estos dos milagros, Jesús demostró que Dios puede hacer lo imposible y que el amor de Dios puede superar todas las barreras. Esto debería dar confianza a los miembros de su grupo para llevar sus situaciones imposibles a Dios en oración.

Si se vuelve relevante para la discusión, su grupo podría explorar la importancia de que la mujer salga en público y las implicaciones de que ella toque a Jesús. Pregunte a los participantes qué podría significar para sus propias vidas. ¿Cómo podrían llegar a Jesús en la fe?

---

6   Traducción al español de Joseph A. Fitzmyer, S.J. *The Anchor Bible: The Gospel According to Luke (I-IX)*, (New York: Doubleday), 1981, pág. 746.

Para la pregunta 11, asegúrese de permitir un buen minuto completo de silencio. Puede parecer mucho tiempo, pero eso se debe a que usted, como facilitador del grupo, ya ha pensado en la pregunta. Llevará un tiempo para que todos en su grupo se imaginen a sí mismos como los diferentes personajes. Siempre siéntase cómodo con el silencio: ¡Dios trabaja durante él!

Semana 4: Recogiendo trigo en el día de descanso

Tal vez no todos en su grupo pequeño sepan exactamente quiénes eran los fariseos. Según el historiador judío Josefo, los fariseos eran un grupo influyente considerado intérpretes autorizados de la ley judía que también la observaban celosamente, especialmente las leyes relativas al sábado.[7]

En los textos rabínicos, se prohíben muchos tipos de trabajo en el día de reposo, incluida la cosecha, pero los rabinos permitían que la salvación de una vida tuviera prioridad sobre la observancia de la ley.[8] Su grupo podría explorar cómo estas prácticas influyen en esta historia. ¿Por qué los discípulos violarían la regla de no cosechar el sábado simplemente

7 Ver el artículo [en inglés] en "Pharisees" [Fariseos], *HarperCollins Bible Dictionary*. © 2015, Society of Biblical Literature. En línea en Bible Odyssey / people/ Pharisees, http://www.bibleodyssey.org/people/ main-articles/pharisees.aspx.

8 Raymond E. Brown, S.S.; Joseph A. Fitzmyer, S.J.; y Roland E. Murphy, O.Carm, editores. Artículo "Matthew" [Mateo] *The New Jerome Biblical Commentary*, (Englewood Cliffs: NJ: Prentice Hall, 1968, 1990), 653–654.

porque tienen hambre? ¿Por qué Jesús los defend-
ería? ¿Qué implica esto sobre lo que Jesús les está
enseñando? Sin embargo, como siempre, no fuerce
esta conversación si no evoluciona naturalmente de
su discusión.

Para obtener más información sobre las palabras
de Jesús acerca de que David comió "los panes consagrados", usted podría leer el relato en 1 Samuel
21:2-7.

San Ignacio de Loyola nació en 1491. Experto en
dirección espiritual, Ignacio compiló los *Ejercicios
Espirituales*, una compilación de oraciones, medita-
ciones y prácticas contemplativas. Con un pequeño
grupo de amigos, fundó una comunidad religiosa
de sacerdotes llamada la Compañía de Jesús, también conocida como los jesuitas.[9] (Para obtener más
información sobre su autobiografía, consulte el
Apéndice B, "Guía para leer las Escrituras, los maestros espirituales y los santos").

San Ignacio hizo gran hincapié en el poder de la
imaginación en la oración. La contemplación ignaciana implica colocarse en una escena evangélica e
imaginar con sus sentidos lo que podría verse, oler
y sentir. Este tipo de oración imaginativa "busca
la verdad del corazón en lugar de la verdad de los
hechos". La persona que reza de esta manera nota
los sentimientos y deseos inspirados por un encuentro con Jesús. Para profundizar el encuentro, Ignacio
recomienda saborear la experiencia, volver a ella una
y otra vez para saborear los detalles. . . [Su] propósito
es provocar un deseo sincero de conocer a Jesús y se-

---

9   Cf. "St. Ignatius Loyola" (en inglés), *Ignatian
    Spirituality*, © 2009–2015 Loyola Press.

guirlo".[10]

Para aprender más acerca de la espiritualidad ignaciana, visite el sitio web "Ignatian Spirituality" (en inglés) en www.ignatianspirituality.com o "Espiritualidad ignaciana" (en español) en http://espiritualidadignaciana.org.

Semana 5: El joven rico

Al revisar los ejercicios recomendados, asegúrese de señalar a los miembros de su grupo pequeño al Apéndice C, "Guía para el sacramento de la reconciliación". Si puede dar un breve testimonio de su propia experiencia de la confesión, hágalo. Esto podría inspirar a otros a recibir este sacramento. Ofrezca compartir más de su experiencia con cualquiera de los miembros de su grupo individualmente si están interesados. También puede describir oraciones, exámenes de conciencia u otros métodos de preparación que haya encontrado útiles.

Si alguien en su grupo desea obtener más información sobre el Sacramento de la Reconciliación, sugiera un libro accesible, como 7 *Secrets of Confession* [7 secretos de la Confesión] de Vinny Flynn (existen varios también en lengua española). Flynn proporciona una perspectiva cercana y refrescante sobre la confesión como un encuentro personal con un Padre que nos ama. Dios, nuestro Padre, no solo quiere

10 Traducción al español de "Ignatian Prayer and the Imagination" [La oración ignaciana y la imaginación], En línea en *Ignatian Spirituality/The Spiritual Exercises/ Prayer and Imagination*, © 2009–2015 Loyola Press. http://www.ignatianspirituality.com/ignatian-prayer/ the-spiritual-exercises/ignatian-prayer-and-the-imagination.

perdonarnos sino restaurarnos y sanarnos también. ¡Léalo primero! *Solo recomiende un libro que lo haya ayudado.* De esta forma, sabrá si podría hacerle bien a la persona a quien lo recomienda.

Jesús miró al joven rico y lo amó. Él nos mira con este mismo amor. El amor de Dios nos da coraje para admitir nuestra pecaminosidad y pedir perdón.

El joven rico no podía seguir a Cristo plenamente debido a sus muchas posesiones. Todos nosotros tenemos al menos un área que nos impide seguir plenamente a Jesús. Oren unos por otros para reconocer y alejarse de estas áreas, y quizás busquen el poder y la gracia de Dios en el Sacramento de la Reconciliación. En su discusión, algunos miembros pueden sentirse incómodos al compartir sus propias debilidades personales con el grupo. Esto está bien. Aliéntelos a traer esas partes de su vida al Señor en su propia oración, y recuérdeles que nuestro Señor no quiere que nadie "se vaya triste" como el joven rico.

Semana 6: Tomás el incrédulo

La semana 6 incluye un "Encuentro con Cristo esta Semana" y una sección "Encuentro con Cristo para la Vida" para concluir su grupo pequeño. Pregunte al grupo con anticipación si están dispuestos a pasar unos quince o veinte minutos más en esta última sesión. El material de esta sección adicional les ayudará a aplicar los dones y las revelaciones que han recibido en este pequeño grupo a sus vidas cotidianas. Si no es posible agregar más tiempo, saltee la sección "Encuentro con Cristo esta Semana" para terminar al mismo tiempo mientras se discute cómo seguir en adelante.

Si se saltea "Encuentro con Cristo esta Semana", resuma su contenido y anime a todos a reunirse con alguien que, como Tomás, cree que Jesús es el Señor. Esta es una gran manera para que todos los miembros del grupo amplíen sus conversaciones sobre Jesús más allá del grupo pequeño, y para hacer o profundizar las amistades cristianas.

Su grupo puede decidir que quieren continuar reuniéndose. ¡Ese sería un regalo de Dios y un tributo a su capacidad de facilitar y crear una comunidad de amor! The Evangelical Catholic tiene otras guías para grupos pequeños que puede utilizar para la discusión (consulte nuestro sitio web evangelicalcatholic.org), como lo hacen muchas otras organizaciones. Su grupo podría estudiar las lecturas de la Misa dominical o leer juntos un libro de la Biblia en particular. Si deciden explorar la Biblia, puede encontrar muchos libros y recursos en línea sobre cómo hacer preguntas sobre el texto que conducen a una discusión fructífera. La Conferencia Estadounidense de los Obispos Católicos tiene excelentes principios y recursos para leer la Biblia en su sitio web (ver http://www.usccb.org/bible/understanding-the-bible/index.cfm) [en inglés].

Ya sea que continúen reuniéndose o no, agradezca al grupo por el tiempo que le han brindado al grupo y el compromiso que han demostrado. Es un gran honor caminar con otras personas en sus itinerarios espirituales. Comparta ese sentimiento si se siente motivado a hacerlo.

Trate de tener un ambiente más festivo en esta última sesión, ofreciendo un postre u otro snack durante el tiempo de intercambio social. Podría pedirles a los miembros que traigan algo para compartir.

Apéndice F: Dirigiendo la oración y "Encuentro con Cristo esta Semana"

Oración inicial

Hemos brindado una oración inicial guiada en la mayoría de las sesiones porque puede ayudar a las personas que son completamente nuevas en los grupos pequeños y en la oración compartida a sentirse más a gusto. Si todos o la mayoría de las personas presentes ya se sienten cómodas hablando con Dios en sus propias palabras en voz alta en un grupo, no necesitará estas oraciones en absoluto. Siempre es mejor hablar con Dios desde nuestros corazones en los grupos pequeños. Contribuye a la intimidad del grupo y también construye la intimidad individual con Dios.

Dado que algunas personas nunca han presenciado la oración espontánea, es parte de su función el dar ejemplo de cómo hacerla. Las oraciones que provienen del corazón que habla en voz alta demuestran cómo hablar con Dios de manera honesta y abierta. Ver a alguien orar también expande la comprensión del grupo sobre quién es Dios y la relación que podemos tener con Jesucristo.

Usted puede crecer en la oración improvisada orando en voz alta directamente a Jesús durante su tiempo personal de oración y mientras se prepara para el grupo. Esto ayudará a "cebar la bomba", por así decirlo.

Incluso si disfruta orando espontáneamente en voz alta, su objetivo como facilitador es proporcionar oportunidades para que todos crezcan espiritualmente. Las personas que rezan en voz alta con otros crecen a pasos agigantados. ¡Lo hemos visto! En la primera reunión, dígale al grupo que dejará tiempo al final de su oración improvisada para que otros expresen sus oraciones. Tan pronto como el grupo parezca haber crecido en esto, invite a otras personas a abrir el grupo con la oración en lugar de guiarlo usted mismo o usar la oración provista.

Si no lo hace en la primera reunión, en la segunda semana rece la oración de apertura con sus propias palabras. Aquí hay algunas partes simples para incluir:

1. ¡Alabado sea Dios! ¡Diga qué Dios tan grande y maravilloso es nuestro Padre! Use el lenguaje de los salmos de alabanza si no tiene el suyo. Simplemente busque en línea "salmos de alabanza".

2. ¡Dé gracias a Dios! Dé gracias al Señor por el don de reunirnos. Dele gracias por dar a cada persona presente el deseo de sacrificar su tiempo para asistir al grupo. Agradézcale por la bendición de su parroquia o comunidad universitaria.

3. Pídale a Dios por sus necesidades. Pídale a Dios que bendiga su tiempo juntos y que sea fructífero para todos los presentes, así como para su reino. Pídale a Jesús que esté con

97

ustedes, que son dos o tres reunidos en su nombre. Pídale al Espíritu Santo que abra los corazones, ilumine las mentes y profundice la experiencia de cuaresma de cada persona a través de los pasajes de las Escrituras que leerán y discutirán. Pídale al Espíritu Santo que guíe la discusión para que todos puedan crecer.

4. Cierre invocando a Jesús: "Te lo pedimos por Cristo nuestro Señor" o "Te lo pedimos en el nombre de Jesús".

5. Terminen con la señal de la Cruz.

Algunos elementos esenciales para la oración improvisada:

· Hable en la primera persona del plural: "nosotros". Por ejemplo, "Espíritu Santo, nosotros te pedimos que abras nuestros corazones. . . ". Está bien agregar una frase pidiéndole al Espíritu Santo que le ayude a facilitar la conversación como él quiera, o algo ese sentido, pero la mayor parte de la oración debería ser por todo el grupo.

· Hable directamente a Jesús nuestro Señor. Esto puede parecer obvio, pero entre los laicos católicos, no se practica ni ejerce con frecuencia. Esto es algo muy evangélico en el sentido de que testifica del evangelio. No solo muestra cuánto cree que el Señor lo ama, ¡sino que también demuestra nuestra confianza en que

Jesús lo está escuchando! Al decir el nombre de nuestro Señor, nos recordamos a nosotros mismos, así como a quienes nos escuchan, que no estamos hablando solo con nosotros mismos. Esto construye la fe.

Usted, y cualquiera que no esté acostumbrado a escuchar a alguien orar directamente a Jesús, puede sentirse un poco incómodo al principio, pero todos rápidamente se sentirán más cómodos al escuchar estas oraciones repetidamente y experimentar una mayor intimidad con Jesús. Recuerde siempre que muchas gracias provienen de orar "un nombre superior a todo nombre" (véase Filipenses 2:9).

Si nunca ha orado públicamente a Jesús, puede sentirse infantil al principio, pero ore pidiendo la humildad de un niño. ¡Jesús dijo que necesitábamos ser como niños (Mateo 18:3)! Mientras más oremos directamente a Jesús en nuestra oración personal, menos incómodos nos sentiremos cuando oremos a él públicamente.

- Demuestre una gran fe confianza en que el Señor escucha su oración y la contestará. Es fantástico decir simplemente en la oración: "¡Jesús, en ti confiamos!".

- Siempre puede cerrar la oración improvisada invitando al grupo a unirse en una oración de la Iglesia, como el Gloria, el Padre Nuestro o el Ave María. Esto pondrá a todos en la oración si una sola persona está orando en voz alta de forma improvisada.

Oración conclusiva

Para la oración conclusiva, recomendamos que siempre realice una oración improvisada, incluso si usa la oración provista. Ninguna oración escrita puede abordar los pensamientos, preocupaciones, sentimientos e inspiraciones que surgen durante la discusión.

Si algunos miembros del grupo ya se sienten cómodos orando en voz alta con sus propias palabras, invite al grupo a unirse a la oración conclusiva inmediato. Si no, espere una semana o dos. Una vez que sienta que el grupo tiene la familiaridad para evitar que esto sea demasiado incómodo, invítelos a participar. Usted podría decirle al grupo que comenzará la oración conclusiva y luego dejará un tiempo de silencio para que ellos también puedan orar en voz alta. Asegúrese de que sepan que cerrará la oración del grupo guiándolos a un Padre Nuestro después de que todos hayan terminado de orar. Esta estructura ayuda a las personas a sentir que el tiempo está contenido y que no le falta estructura. Eso los ayuda a liberarlos para rezar en voz alta.

A continuación, hay algunas maneras posibles de introducir a su grupo a la oración improvisada oral. No lea estas sugerencias literalmente, póngalas en sus propias palabras. ¡No es propicio ayudar a las personas a sentirse cómodas orando en voz alta si usted está leyendo de un libro!

"La oración conclusiva es un gran momento para tomar las reflexiones que hemos compartido, llevarlas a Dios y pedirle que nos ayude a hacer de cualquier inspiración una realidad en nuestras vidas. A Dios no

le importa cuán bien hablados o articulados somos cuando oramos; ¡así que tampoco debería importarnos a nosotros! No juzgamos las oraciones de los demás. Recemos desde nuestros corazones, sabiendo que Dios escucha y se preocupa por lo que decimos, no por lo perfectamente que lo decimos. Cuando rezamos algo en voz alta, sabemos que el Espíritu Santo actúa poderosamente dentro de nosotros porque es el Espíritu el que nos da el coraje de hablar".

"Esta noche, como oración conclusiva, expresemos primero cada uno nuestras necesidades a los demás; luego nos turnaremos poniendo nuestra mano derecha en el hombro de la persona a la derecha de nosotros y rezando por esa persona. Después de que cada uno de nosotros exprese sus necesidades de oración, comenzaré orando por Karen a mi derecha. Eso significa que necesito escuchar con atención cuando nos dice por qué ella necesita oración. Es difícil que recordemos las necesidades de todos, así que asegúrense de escuchar bien a la persona a su derecha. Voy a expresar mis necesidades de oración primero; luego daremos la vuelta al círculo por la derecha. Entonces comenzaré con la señal de la cruz, y rezaré por _____ (nombre de la persona a la derecha) con mi mano sobre su hombro. ¿OK? ¿Alguien tiene alguna pregunta?".

Conexión con la Cruz esta Semana

Estos ejercicios semanales de oración y reflexión permiten a Jesús entrar más plenamente en los corazones de usted y los miembros de su grupo pequeño. Si no le damos a Dios el tiempo que le permite trabajar en nosotros, experimentamos mucho menos fruto de nuestras discusiones en grupos pequeños. La oración y la reflexión arraigan y riegan las semillas que se han plantado durante el grupo pequeño. Sin estos, el sol quema la semilla, y se marchitará y morirá, ya que "no tenían raíces" (Marcos 4:6). El encontrarnos solos con Cristo durante la semana nos permite estar "enraizados" (Colosenses 2:7) en Cristo y beber profundamente del "agua viva" (Juan 4:10) que él anhela derramar en nuestras almas.

Revise con anticipación la sección "Conexión a la Cruz esta Semana" para que esté familiarizado con ella, y luego juntos como grupo durante cada reunión. Esto mostrará a todos que es una parte importante del grupo pequeño. Pídales retroalimentación cada semana sobre cómo van estos ejercicios de oración y reflexión. Sin embargo, no dedique demasiado tiempo a este tema, especialmente en las primeras semanas, ya que los miembros todavía están en el proceso de sentirse cómodos juntos y más acostumbrados a orar solos. Preguntar acerca de su experiencia con la oración, el sacramento o el ejercicio espiritual recomendados lo ayudará a saber quién está hambriento de crecimiento espiritual y quién podría necesitar más estímulo. El testimonio de las historias de los participantes en sus momentos de oración puede encender el interés de otros que están menos motivados para orar.

Acerca de The Evangelical Catholic

The Evangelical Catholic (EC) equipa a los ministerios católicos para la evangelización al inspirar, capacitar y apoyar a los líderes locales para lanzar un ministerio de extensión dinámico. A través de eventos de capacitación, servicios y relaciones contractuales permanentes, EC forma y capacita al personal pastoral católico y a los líderes laicos para esfuerzos evangélicos a largo plazo y que pueden ser sostenidos localmente sin visitas continuas ni consultas regulares.

Para llevar a cabo esta misión, equipamos a los fieles laicos para que puedan invitar a los que se han alejado de Dios a la alegría de la vida en Cristo y a detener la ola de católicos que abandonan la Iglesia. Capacitamos al personal pastoral para hacer discípulos, pastorear ministerios de evangelización y administrar la estructura pastoral para hacer que el discipulado de Jesús sea el resultado natural dentro de la parroquia o pastoral universitaria.

Oramos para que, por la gracia del Espíritu Santo, podamos ayudar a que la misión de evangelización de la Iglesia sea accesible, natural y fructífera para todos los católicos, y que muchas vidas sean sanadas y transformadas al conocer a Jesús dentro de la Iglesia.

Made in the USA
Las Vegas, NV
15 September 2021

30322342R00066